あなたの知
聖書の世界

～聖書は“中二”エピソードの宝箱～

創作活動にも役に立つ!!

著 天乃聖樹
カバーイラスト 日向たかし

総合科学出版

まえがき

バルタ：おい、キャスパはなにを読んでいるんだ？

キャスパ：さあ……。分厚くて格好いい本を見つけたので、読んでたら格好いいかと思ってー。

バルタ：格好良さのためかよ！　中身に興味はないのかよ！

キャスパ：興味はあるんですけど、難しいので読んでいるふりをしています！

メル：あらあら、もったいないわね。その本は『聖書』。中身を知れば、世の中のいろんなことがもっとよくわかるのよ？

バルタ：出た。メルの教えたがり症候群だ……。

キャスパ：なにがわかるようになるんです？

メル：まず、聖書はただのキリスト教の本じゃないの。欧米の人間たちの考え方、文化、映画、ジョーク、それに英語。あの辺りは、ベースに聖書があるわ。欧米を理解するには、聖書を読んでないと厳しいと言ってもいいくらい。

キャスパ：つまり、読めば世界平和に役立つんですね⁉

メル：そ、そうね……その可能性もあるかもね。

キャスパ：他には、他には？

メル：他には、日本のアニメや漫画、ライトノベル。この辺り

東方の魔法使い
メル
本書のガイド役の１人。神の子を探して旅をしている魔法使いでもある。３人の中ではお姉さん的存在で、物腰柔らかな巨乳美人。

東方の魔法使い
バルタ
本書のガイド役の１人。喋り方は乱暴だが、情は深いツンデレ魔女。ずっと昔から気になっている子がいるとか、いないとか。

にも、聖書が元ネタになっているものがたくさんあるわ。有名なものだけ挙げても、エヴァンゲリオン、デスノート、ドラゴンクエスト、女神転生……他にも数え切れないほど、聖書はフィクションに使われているの。

バルタ：確かに、アニメで聖書の台詞が出てきたら、すげーカッコイイもんな！

メル：そう。だから、創作をやる人は必ず押さえておいたほうがいい知識だし、サブカルが好きな人は知っておくともっともっと作品を楽しめるようになる……そういう、『サブカルの基礎教養』と言ってもいいかもしれないわ。

バルタ：マジか……。

キャスパ：マジなのですか？

＊　＊　＊

マジなのです！

というわけで、この本では聖書という『元ネタの集大成』をざっくりご紹介させて頂きます。きっと目から鱗の大発見があるはずですよ！

天乃聖樹

東方の魔法使い
キャスパ
本書のガイド役の１人。基本的にぽけぽけしている。こんな子にガイド役が務まるのか……!?　２人がいれば大丈夫だ！

もくじ

序章

あなたの知らない聖書の世界

この序章では、聖書の概要について説明します。聖書とはいったいどんな本なのか、全体像を掴むために役立ちます！

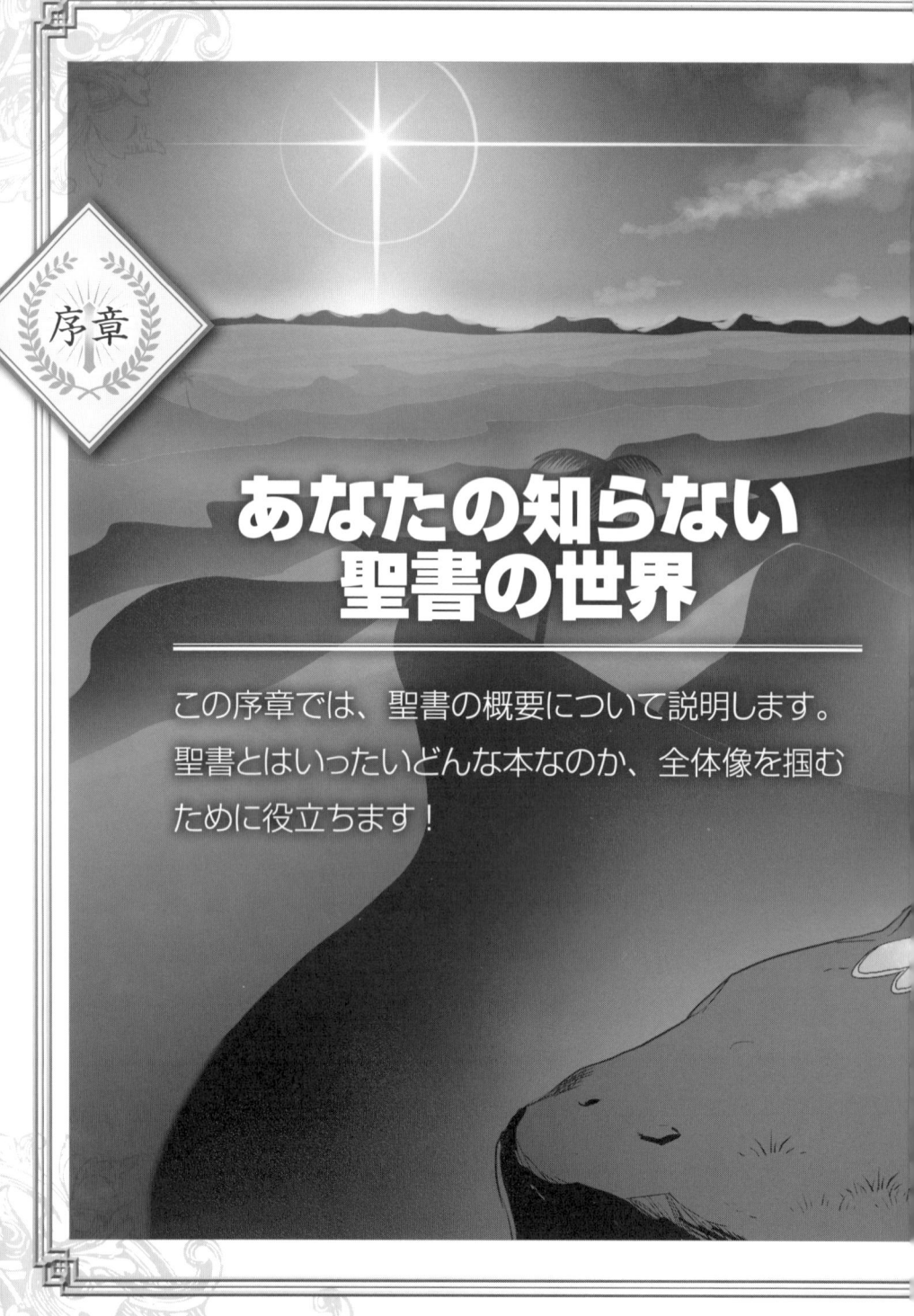

あらゆる物語のモデルは聖書にあり

元ネタの王様

作者の実体験に基づいて書かれたもの以外の作品には、必ず元ネタがあります。たとえば、『デスノート』の元ネタは『罪と罰』だといわれています。そして、『罪と罰』の元ネタは『聖書』です。これは決してパクリというわけではありません。今生きている人間が昔の人間の遺伝子を受け継いでいるように、現代の作品は過去の作品の遺伝子を受け継いでいるのです。あまりにも時代が近すぎる作品を元ネタにするとパクリだと騒がれますが、過去の作品を模倣するのはどんな文学や音楽の巨匠でもやっていることです。

さて、現代の作品の元ネタとしてもっとも強力なのは、やはり聖書です。**「あらゆる物語の原型は既に聖書で使い尽くされている」**といわれるほどで、それとはまったく違う物語のパターンを生み出すのは至難の業です。

聖書の中には、本当にたくさんの物語のパターンがあります。誘惑の話、兄弟の争いの話、自己犠牲の話、恋愛、バトル、親子のドラマ、勇者の物語、などなど。聖書は宗教書というより、物語のフルコースと呼んだほうがいいかもしれません。確かに教訓も多く含まれているのですが、そこはイソップ寓話と同じ。物語単体としても充分楽しめますし、日本人にはそちらのほうが馴染みやすいでしょう。

実際、筆者は子供の頃に教会に通っていたのですが、演壇から話される説教を聞くよりも、聖書のストーリーを夢中になって読んでいた記憶があります。古代のイスラエルで繰り広げられる戦いは、まるで異世界ファンタジーの戦記物。神様に導かれて勇者が国を救う様子は、完全にRPGのストーリーです。血湧き肉躍る冒険に、時間が経つのも忘れて読み耽っていました。

そんな筆者も、今ではシナリオや小説などを書く仕事をさせて頂いています。尊敬する先輩方も、聖書を創作の基礎として読んでいる方が非常に多いようです。そのくらい、聖書は物語としての力が強く、とても参考になります。くわえて、日常生活では見かけないようなアイディアが溢れているため、脳が刺激され、ファンタジックな妄想がはかどるのです。

聖書のストーリーを徹底解剖！

本書では、聖書のややこしい部分、宗教的な部分については触れません。この本は、宗教的な目的ではなく、資料本としてご用意したからです。聖書の膨大な文章の中から、面白くて刺激的なエピソードのみを抜き出し、わかりやすく説明をくわえました。

この本の読み方

まずは、目次か左上のタイトルで、項目をざーっと確認してみてください。その中から興味を惹いた項目、「おっ？」と思った項目があったら、そこを読んで頂いて問題ありません。最終章を除いて、それぞれの項目に前後の繋がりはありません。どこから読んでもいいですし、読まなくてもいい、後ろに進んでもいいのです。この本では自由が保障されています。

各項目の構成

序章以外の左のページでは、聖書の中の１つのエピソードについて、噛み砕いて記しています。そこを読めば、わざわざ難しい聖書を読まなくても、だいたいのことがわかります。そのエピソードが気に入ったら、自分の書く作品に応用してみるのもいいかもしれません。聖書のエピソードは強度が高いので、換骨奪胎して長編小説にすれば、かなり読み応えのある作品になるはずです。

右のページのコラムでは、そのエピソードに出てきた用語について説明をくわえています。コラムを読まなくても大丈夫ですが、読むと新たな発見があるかもしれません。

その隣では、本書のガイドさんたちがいろいろしゃべっています。息抜きにもなりますが、ひょっとしたら結構大事なことも言っているかもしれません。

聖書の概要

そもそも聖書ってなに？

日本人にとって馴染みの薄い聖書。漠然と「キリスト教の大事な本」と思っている方も多いかもしれません。

ですが、キリスト教だけではなく、古代イスラエルから始まる宗教にとって、聖書は同じく大切な書物。イスラエルのご先祖の名前を取って、これらの宗教を**「アブラハムの宗教」**と呼びます。信者の方たちにとって、聖書は**「神の言葉」**であるとされています。

神の言葉ですから、すごいことがいっぱい書かれている。だから、聖書の言葉に従わなければならない。それがアブラハムの宗教の考えです。

聖書の著者は１人じゃない！

聖書は、正確には１冊ではありません。66冊の小さな本が集まって大全集のようになっており、前半を**「旧約聖書」**、後半を**「新約聖書」**と呼びます。

旧約聖書も新約聖書もキリスト教で用いられますが、ユダヤ教は旧約聖書しか使いません。

聖書の中には、物語や、系図や、ポエムや、格言集や、予言書など、様々な本が含まれています。使われている言語も１つではなく、旧約聖書ではヘブライ語とアラム語、新約聖書ではギリシャ語が用いられています。

新約聖書を書いた著者たちはユダヤ人でしたが、ヘブライ語だけではなくギリシャ語も使うことができるバイリンガルでした。ギリシャ語はいわば、現代における英語のような存在だったんです。

聖書の中の最初の本である創世記が書かれたのが、紀元前13世紀頃。最後の本が書かれたのが西暦１世紀ごろですから、1300年以上にわたって約40名の著者たちがそれぞれの本を書いたことになります。

ただ、彼らは神の言葉を記したにすぎないとされ、本当の著者は神１人だけ、というのが聖書を用いる信者の方たちの考えです。

世界最大のベストセラー『聖書』

聖書はこれまでに数千億冊以上印刷されています。人類史上、堂々のベストセラーランキング１位です。

なぜここまでたくさん印刷されているかというと、世界宗教の大切な本だということも、その理由の１つです。

しかし、そのほかにも、ほとんどの場合は無料で配布されているということや、海外のホテルでは客室に置かれる場合が多いことなども、理由となっています。

とはいえ、キリスト教が支配していた中世ヨーロッパでは、一般市民が聖書を持つことは許されませんでした。

なぜか。それは、一般市民が聖書の知識を持ち、教会が権力を失うことを恐れたからです。宗教組織による知識の独占というのは、当時の社会ではしごく一般的でした。

一般市民にもわかりやすく翻訳された聖書は教会に没収され、焼かれてしまうほどでした。翻訳者は厳しい弾圧を受け、処刑される危険さえあったのです。現に、ウイリアム・ティンダルという翻訳者は火あぶりの刑に処されました。

聖書の正確さは最高レベル

印刷技術がなかった時代から聖書が脈々と受け継がれてきたことには、**「写字生」**という人たちの存在が大きな役割を果たしています。仏教でいえば、「写経」のようなものでしょうか。

写字生はとにかく正確に聖書を書き写すことに命をかけていました。自分が書き写した聖書の文字数を数えて、１文字たりとも間違っていないかチェックするほどでした。彼らにとって聖書は神の言葉であり、誤字脱字などが生まれるのは大罪だったのです。

そんな人たちの情熱のお陰で、聖書は恐ろしく正確に内容が受け継がれています。その精神は現代でも健在です。

聖書が書かれた時代背景

聖書の執筆期間

聖書の最初の本である『**創世記**』を書いたのは、紀元前13世紀の指導者モーセ。最後の本である『**黙示録**』を書いたのは西暦1世紀のヨハネなので、そのあいだには1300年以上の開きがあります。1300年かかって書かれた本なんて、そうそうありませんよね。

ちなみにライトノベルですと、1カ月で書く著者さんが多いようですから、その15000倍以上の期間。聖書は文庫ではなく、全集としての色合いが強いとはいえ、驚異的な差です。

イスラエルと旧約聖書

最初に聖書が生まれたのは、ちょうど古代イスラエル人がエジプトでの奴隷生活を脱出した頃でした。この辺りのエピソードは、『十戒』という映画が大ヒットしたので、ご存じの方もいらっしゃることでしょう。

それから、聖書はイスラエル人の歴史に寄り添うようにして紡がれてきました。あるときは、古代イスラエルの新国家に法律を教えるため。あるときは、民族成立の神話を見せるため。民族がバビロニア帝国への虜囚になったときは、希望を与えるための預言書も数多く書かれました。

旧約聖書は歴史書としての性格も強く、当時の歴史を知るには聖書が最大の文献となります。

ちなみに、現存するイスラエルという国は、古代の「イスラエル」とはだいぶ民族の構成が異なります。古代イスラエルには12の部族が存在しましたが、「ユダヤ人」として独自性を保ちながら残ったのはそのうちの2部族のみ。現代のイスラエルに暮らしているのは、ユダヤ人なのです。とはいえ、当時の民族が形を変えながらも独自性を保っているというのは、世界的に見ても驚くべきことだと言わざるを得ません。

新約聖書の性格

さて、旧約聖書は古代イスラエルの歴史と寄り添いながら書かれた本でしたが、聖書の後半部分である新約聖書は違います。むしろ、古代イスラエルへの反逆、とでも呼べるかもしれません。

確かに、新約聖書の筆者たちもユダヤ人が多かったのですが、本の内容はそれまでのイスラエルの考え方に真っ向から反対するものだったからです。ようするに、旧約聖書を信じるユダヤ教への改革として現れたキリスト教、その本が新約聖書なのです。

扱われている期間も、新約聖書は旧約聖書と異なり、かなり短いものとなっています。書かれている出来事は、どれも西暦１世紀頃に起きたことばかりです。

聖書の言語

旧約聖書はヘブライ語やアラブ語など、古代イスラエル人にとって馴染み深い言葉で書かれていますが、旧約聖書はギリシャ語です。
ユダヤ人がなぜ、わざわざギリシャ語で書いたのか？

それは、新約聖書が書かれていた時代の公用語の１つがギリシャ語だったからです。現代における英語のようなポジションと考えてもいいでしょう。日本語で書いた本は日本人にしか読まれませんが、英語の本なら世界中の人に読んでもらえます。

新約聖書の筆者たちは同じように考えました。自分たちの書き留めた内容を、できる限り多くの、世界中の人々に読んでもらえるよう、ギリシャ語を選んだのです。彼らはキリスト教をユダヤ人だけのものではなく、全人類のものにしたいと考えたのです。
その甲斐もあって、新約聖書を用いるキリスト教はとてつもないスピードで世界に広まりました。新約聖書の筆者たちの市場戦略は、見事に当たったと評価して問題ないでしょう。

登場人物は血が繋がっている！

聖なる系譜

『ジョジョの奇妙な冒険』という漫画シリーズをご存じでしょうか？
かなりメジャーな作品ですが、あの漫画では、主人公の子孫がさらに次の主人公になるという構造になっています。ジョジョの主人公たちは血が繋がっているんです。

同様に、聖書の主要な登場人物は血が繋がっています。まず、最初の人間とされるアダム。ユダヤ人の祖であるアブラハム。民族の名前の由来となったユダ。古代イスラエルの王ダビデ、……そして最後にはイエス・キリストと、ず———っと繋がっているんです。しかも、聖書の中にはその家系図が繰り返し出てきます。旧約聖書にもありますし、新約聖書にもあります。

これはなぜなのか？

それは、ユダヤ人が外国へ流刑にされていたとき、**「ユダヤ人を助ける救世主が、ダビデ王の子孫から現れる！」**という預言が発表されたからです。ユダヤ教ではイエスを救世主とは断じて認めませんが（一種の反逆者なので）、キリスト教ではこの預言の救世主こそがイエスであると考えます。だから、家系図は欠かせないものとなっているのです。なにせ、それによってイエス・キリストの救世主としての正当性を証明できるわけですから。

しかし……それにしても「この家系からやがて救世主が現れる！」なんて、ドラクエに出てくるロトの一族みたいでワクワクしますよね。世界中のファンタジーの多くは聖書をベースにしているので、そういう勇者物語のルーツを探る上でも、聖書は興味深い研究対象と言えます。
ちなみに、『ロト』の元ネタも聖書です。決して救世主の血筋ではないのですが……、その辺りも楽しみにしながらお読みください。

右ページに、聖書の家系図から主な登場人物を抜き出しました。ご参考まで。

聖書の家系図と主な登場人物

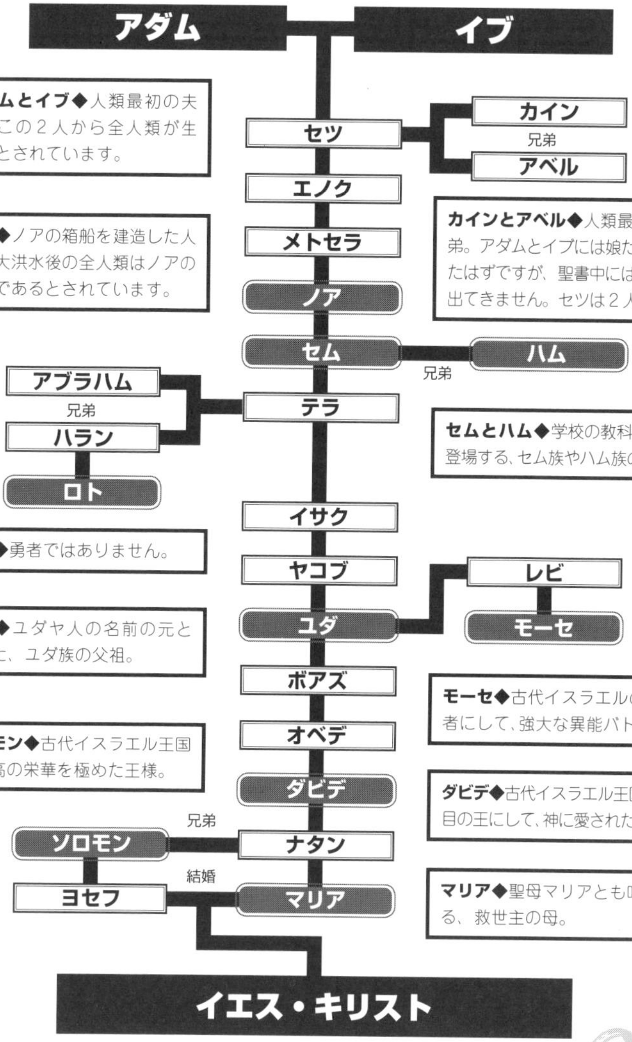

アダムとイブ◆人類最初の夫婦。この2人から全人類が生じたとされています。

カインとアベル◆人類最初の兄弟。アダムとイブには娘たちもいたはずですが、聖書中には名前が出てきません。セツは2人の弟。

ノア◆ノアの箱船を建造した人物。大洪水後の全人類はノアの子孫であるとされています。

セムとハム◆学校の教科書にも登場する、セム族やハム族の始祖。

ロト◆勇者ではありません。

ユダ◆ユダヤ人の名前の元となった、ユダ族の父祖。

モーセ◆古代イスラエルの指導者にして、強大な異能バトラー。

ソロモン◆古代イスラエル王国で最高の栄華を極めた王様。

ダビデ◆古代イスラエル王国2代目の王にして、神に愛された英雄。

マリア◆聖母マリアとも呼ばれる、救世主の母。

日本神話と聖書はココが違う！

最強の神話

聖書はイスラエルや欧米の神話と考えることができます。世界創造のいきさつ、神や悪魔、民族の成り立ちなどを物語形式で描いている以上、それは神話でしょう。もちろんヨーロッパには北欧神話やケルト神話、ギリシャ神話なども存在し、聖書の神話と混じり合って文化を形作っています。しかし、アメリカ合衆国は民族としての神話を持たないので、聖書が主な神話と言えるでしょう。

ただし、古事記や日本書紀など、我々が馴染み深い日本神話と、聖書はかなり毛色の違うものとなっています。その相違点について、ポイントごとにざっくりご紹介していきましょう。

神の数が違う！

八百万の神と呼ばれるほど、日本神話にはたくさんの神々が登場します。森羅万象に神々がそれぞれ存在する、というのが日本神話の考え方です。これは日本神話に限らず、ギリシャ神話や北欧神話なども同じであり、多神教の特徴です。

一方、聖書の神はただ１人、創造神だけです。イスラエル周辺にはいろんな神々がいましたが、聖書中では天使か悪魔に分類されてしまいました。

仏教においても同じ現象が起きており、周辺地域の神々は『護法善神』という存在として仏教に取り込まれています。そのため、東南アジアの神々が日本の神社に祀られていたりするのです。

掟がある！

多神教、特に日本神話には、掟や教訓というものがほとんど見られません。様々な神々が存在するのは、多様な価値観を受け入れることにも繋がります。

聖書の神は１人なので、その命令は絶対とされます。よって、聖書の中では神の命令に逆らって天罰を下されるエピソードがしばしば出てきます。

神々との混血がタブーとされる

これも聖書の神話の興味深い特徴です。日本神話だけでなく、ギリシャ神話や北欧神話などにおいて、神と人の混血は日常茶飯事です。たとえば、ギリシャ神話に出てくる英雄ヘラクレスは、ゼウスと人間の女性のあいだにできた子供です。日本神話においてはもはや神と人との境目すらあやふやです。

ですが、聖書で天界の存在と人間のあいだに子供ができたのは、2回だけ。一度はマリアの処女懐胎ですが、これは混血ではないので除外していいでしょう。

もう一度は、ノアの大洪水以前、天使たちが人間の女性を見初めて交わった事件です。これは当時の最大のスキャンダルでした。混血の結果、ネフィリムという凶暴な巨人が生まれ、人間界を荒らし回ったからです。最終的には、いったん大洪水で地上の文明をリセットしなければいけないほどになりました。

なぜ、聖書の神話では神々との混血がタブーなのか？

それはおそらく、古代イスラエルにおいて周辺民族との混血がタブーとされたことに、深く関わっているに違いありません。

民族の神話というものは、その民族の価値観、そして文化の発展する方向に、大きな影響を与え、あるいは影響を受けるからです。

神々の名前が出てこない！

日本神話には、アマテラスオオカミやイザナミノミコトなど、様々な神々の名前がはっきりと出てきます。

しかし、聖書の神話で名前が出てくる天界の存在は、**創造神**、**天使長ミカエル**、処女懐胎を告げた**天使ガブリエル**、および**堕天使ルシフェル（＝サタン）**だけです。そして、**「神の名を軽々しく口に出してはいけない」**との考えから、信徒たちは創造神の名前さえ使わなくなってしまいました。

日本神話に比べて天界の存在の名前が出てこないことにも、やはり聖書が一神教の神話であるということが関係しているのでしょう。名前が出れば、祀りやすくなります。そしてそれは、一神教の神話にとって最大のタブーなのです。

聖書全巻・66冊のあらまし

10分でわかる聖書の中身

聖書の中には、ほんの小さな手紙から、大長編の詩集に至るまで、様々な本が66冊収められています。本書ではその中から面白いエピソードだけを取り上げていきますが、ここでざっとそれぞれの本の概要をご紹介しておきましょう。

創世記

世界創造の神話です。イスラエル民族の成立についても語られています。聖書の中でもっともファンタジックで刺激的な本です。

出エジプト記

エジプトで奴隷となっていたイスラエル人が脱出する物語。

レビ記、民数記、申命記

エジプトを脱出し、イスラエル人が荒野をさまよう話です。十戒もここで出てきます。神の命令を聞かなかったばかりに酷い目に遭っていく辛い物語です。

ヨシュア記

指導者モーセが没したあと、後継者ヨシュアが約束の地に攻め込む戦記物です。

士師記

しょっちゅうイスラエルが侵略されて、しょっちゅう英雄が救う戦記物。

ルツ記

未亡人がお金持ちと結婚して子供を作る話。子孫はのちに王様になります。

サムエル記

預言者サムエルがダビデという少年を王として選ぶ、英雄誕生秘話。

列王記、歴代誌

イスラエル王国のゴタゴタを描いた歴史書。読んでいて胸が痛くなります。

エズラ記、ネヘミヤ記

虜囚になっていたユダヤ人が祖国に戻る物語。

エステル記

美女が祖国のために頑張るシンデレラ・ストーリー。

ヨブ記

優しいお金持ちが酷い目に遭う話。

詩編

王様や預言者の詩集。とにかく長いので、読んでいて気が遠くなります。

箴言、コヘレトの言葉

賢王ソロモンの格言集。箴言はユーモアたっぷりです。

雅歌

ラブソングです。

イザヤ書、エレミヤ書、エゼキエル書

預言書です。ちなみに預言者は神の言葉を伝えるのが任務なのですが、みんなが聞きたくない警告をすることが多いので、だいたいみんなからボコボコにされたり殺されたりします。

ダニエル書

バビロンで頑張った預言者ダニエルのサクセスストーリー。

ホセア書、ヨエル書、アモス書、オバデヤ書

この辺りも預言書。かなりの短編です。

ヨナ書

預言者ヨナが任務から逃げて怒られる話。ピノキオの元ネタです。

ミカ書、ナホム書、ハバクク書、ゼファニヤ書、ハガイ書、ゼカリヤ書、マラキ書

どれも短い預言書です。

マタイ書、マルコ書、ルカ書、ヨハネ書

この４冊は『福音書（エヴァンゲリオン）』と呼ばれます。もちろん、アニメのエヴァンゲリオンの元ネタです。

マリアの処女懐胎、イエス・キリストの奇跡、死と復活など、キリストの行動と言葉の記録です。同じ期間と題材を扱っているのですが、筆者によって視点が違うため、それぞれ独特の内容となっています。

使徒行伝

キリストが天界に去ったあと、その弟子や孫弟子たちがキリストの教えを広げるため頑張る話です。預言者の常として、やはりみんなからボコボコにされます。

ローマ人への手紙

使徒パウロが各地の教会に向けて書いた手紙です。

ほかに、**「コリント人への手紙、ガラテヤ人への手紙、エフェソ人への手紙、フィリピ人への手紙、コロサイ人への手紙、テサロニケ人への手紙、テモテへの手紙、テトスへの手紙、フィレモンへの手紙、ヘブライ人への手紙」**があります。

内容は基本的に訓話となっています。生き方や教理について述べられているため、エピソードを楽しむ目的には向いていないでしょう。

ヤコブの手紙、ペテロの手紙、ヨハネの手紙、ユダの手紙

手紙というタイトルですが、特定の相手ではなく、メールマガジンのように大勢に向けて書かれた手紙です。

ヤコブの手紙はキリストの兄弟ヤコブが書いており、ユダの手紙を書いたのもキリストの兄弟ユダです。

ヨハネの黙示録

聖書の最終章にして、最高に恐ろしく、文学作品やサブカルに甚大な影響を及ぼした預言書。世界にやがて生じる最終戦争と、それ以降の未来について予言しています。

ありとあらゆる中二用語が凝縮されており、これを読まずして中二病を名乗ってはいけないと断言できるほど。本書でもあとで詳しく取り上げます。

筆者は、生前のキリストにもっとも愛された弟子ヨハネ。最後の晩餐でもキリストのすぐそばに寝そべっており、『ダヴィンチ・コード』という映画の題材にもなりました。ちなみに、ヨハネは十二使徒の中では最長寿です。流刑になっていたパトモス島でこの預言書を書き上げました。

聖書は世界に最大の影響を与えた本

世界中の人たちの考え方を変えた！

現代の社会では、別の民族を虐殺すると世界中から批判されますし、たとえ相手が犯罪者や敵国人でも、残酷な仕打ちをすると問題になります。これって、今の人間からするとしごく当たり前のことなのですが、昔は違ったんです。

まず、**「自分たちの邪魔になる民族は皆殺しにして当たり前」**。これが古代の常識です。**「殺すときはどんな苦痛を味わわせてもいい。徹底的にやれ」**。そんな感じの考え方です。
つまり、人道主義や博愛主義なんてものは、昔はなかったわけです。自分の同胞や家族、民族は大切ですが、それ以外の相手にはなにをしてもいい、そんな思考だったのです。

これは、旧約聖書に出てくる古代イスラエル人も同じでした。自分たちの神の教えに逆らっているという理由で、カナンを侵略し、原住民を虐殺しました。別にイスラエル人が特別残酷だったわけではなく、そういう時代でした。

しかし、新約聖書で登場したキリストがすべてを変えます。彼は**「あらゆる人を愛しなさい」**と教えました。博愛主義の誕生です。これにより、人類は「へー、別の民族を殺しちゃダメなんだ！」と気付きました。「その発想はなかった！」状態です。今の感覚からすると、なんで気付かなかったのかが不思議なくらいですが、発明というのはえてしてそんなモノ。コロンブスの卵です。聖書が世界中に広がることで、博愛主義も世界中に広がりました。

結果として、人類は丸くなりました。国家や民族を越えて助け合うことができるようになりました。今でも戦争は絶えませんが、もし聖書がなければ、戦争はもっともっと酷く、もっともっとむごいものだったでしょう。聖書は人類の思想に凄まじい影響を与えた本なのです。

聖書は科学の基礎を作った！

科学は西洋で発達し、東洋では発達しなかった。だからといって東洋が文明として劣っているというわけではありませんが、これはなぜなのでしょうか？
それは、西洋人が聖書を読む民族だったからです。

彼らはこう考えました。
この世界は神が創造した。であれば、理路整然と秩序だって設計されているはずだ。その仕組みを解き明かすことは、世界の真理に近づくことであり、神のことをもっと理解する助けになる、と。
天に高くそびえるゴシック建築の尖塔が、神に近づきたい願望の表れだったように、西洋人にとって神に近づくことは悲願でした。
だから彼らは必死に世界の仕組みを究明しようとし、それが科学の発展を促したのです。
一方、日本の神話では世界はなんとなくできあがったものなので、古代の日本人はそこまで世界の仕組みを解き明かすことに興味を示しませんでした。そもそも世界が理路整然とできているなどとは思わなかったのです。

もし、西洋に聖書という本が生まれなかったら。西洋人は科学を発展させることはなく、世界に便利な文明の利器は存在しなかったかもしれません。スマートフォンも、テレビも、車もない世界。そんな世界だったかもしれないのです。

聖書を知る旅へ

では、旅に出かけましょう。世界中の文化、学問、芸術、思想に多大な影響を与えた、聖書という本を知る旅へ。
それはきっと、皆さんの思考と生活をより豊かなものにしてくれるでしょう。

第一部

聖書は中二病の源

聖書には中二病用語の元ネタが溢れています。むしろ、聖書こそが中二病の源泉なのかもしれません。この章では、そんなクールでマニアックな中二用語が出てくるエピソードをご紹介します。

エデンの園と２本の魔法樹

エデンの園

人類最初の夫婦が住んでいたのが、エデンの園です。そこは楽園。世界一美しい庭園で、美味しいフルーツがなる木がたくさん生えていました。

当時の人類は不老不死で、なんの間違いもしない完璧な存在でした。いわば天使のような生き物だったんです。世界に災いはなく、そのまま神の言うことを聞いていれば永遠の幸せが約束されていました。

といっても、従わなければならない神の命令は、たった１つ。**『知恵の樹』の実だけは、食べてはいけない**というものでした。

知恵の樹

その樹から実をもいで食べれば、人間は善悪を自分で決められるようになります。それは、神に対する反逆を意味しました。

悪魔は蛇の姿に化けてイブを誘惑し、知恵の実を食べさせることに成功します。イブは夫のアダムを誘って知恵の実を２人で食べます。

楽園追放

アダムとイブは神の怒りを買い、楽園から追い出されます。そのとき初めて人類は『**罪**』を背負い、完璧な存在ではなくなりました。

結果として、不老不死ではなくなり、病気になるようになり、悪いこともするようになってしまったんです。世界には悲劇がたくさん起きるようになりました。

命の樹

エデンの園にはもう１つ、奇跡の樹が生えていました。それが『**命の樹**』。この実を食べれば、人類は元通り不老不死になり、罪を犯さない完璧な存在になれると言われています。

しかし、神は罪を犯した人類に命の木の実を食べさせないため、エデンの園の入り口に回る炎の剣を置き、**ケルブ**という強力な天使たちに守護させました。

～創世記2-3章～

罪ってなに？

聖書における「罪」という概念は、日本人にとってなかなか理解しづらい考え方です。それは、「完璧ではないこと」を意味します。つまり、欲望に負けて不倫をしてしまったり、横領をしてしまったりという悪事はもちろんのこと、間違って寝坊してしまったり、つい人の悪口を言ってしまったりするのも、「罪」が人間にあるから、と考えます。

【アダムとイブ】人類最初の夫婦。初めに男であるアダムが造られ、次にアダムのあばら骨から女のイブが造られました。完璧な人間ですから、かなりの美男美女だったと推定されます。そして２人とも全裸でした。アダムはイブにベタ惚れで、尻に敷かれていました。知恵の実を食べるのは悪いことだと確信していたのに、イブと一緒に食べて死ぬことを選んだのです。

【善悪】聖書の神は創造神であり、唯一神なので、人間の所有者です。そのため、善悪を決める権利を持っている、とされています。昔の王様みたいな感じですね。

禁断の果実

どうしてエデンの園には知恵の実なんてあったんでしょうかー？
絶対食べちゃいたくなりますよねー。

だよなあ。
開けるなって言われたら開けたくなる扉とか箱と同じだ。

確かに、タブーという意味では他の民間伝承の扉や箱と同じね。
結果として年を取っちゃうのは、浦島太郎の玉手箱そっくりかも。

知恵の実は、ようするにテストだったのよ。

なんのですか？

アダムとイブが神様の言うことを聞く気があるか、というテストよ。
不合格だったから、エデンの園からは追い出されちゃったってわけ。

はー。もったいないですねえ……。

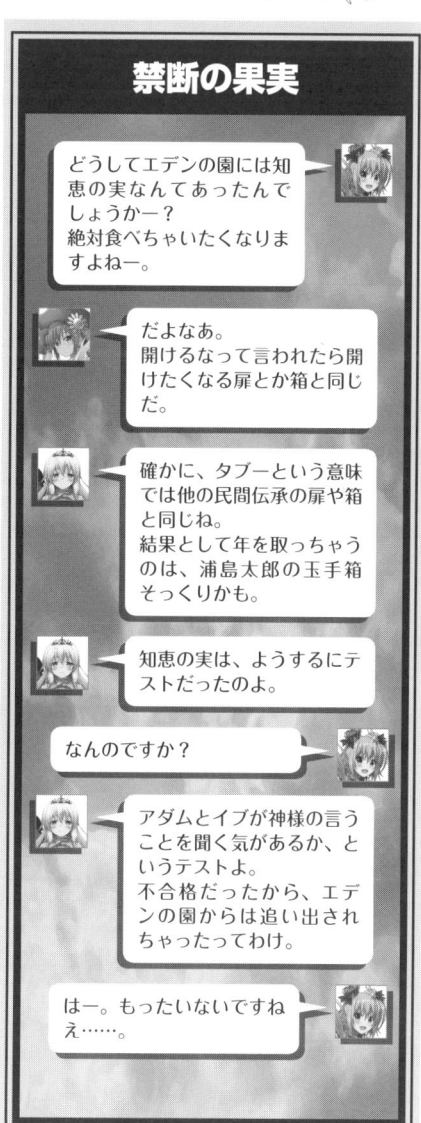

悪魔は超絶イケメンだった!?

聖書に出てくる悪魔は少ない！

メフィストフェレス、アスタロト、アモン……有名な悪魔の名前はたくさんあります。『女神転生』シリーズのファンの方ならいろいろとご存じでしょう。ただし、これらの名前は、実は聖書にほとんど登場しません。聖書で明確に出てくる悪魔の名前は、**ルシフェル、サタン、レギオン、ベエルゼブブ**くらい。

そのうちレギオンは複数の悪魔の総称ですし、ルシフェルとサタンは同一人物です。ここでは**悪魔の王**とされている**サタン**についてご紹介しましょう。

悪魔はエリート中のエリート

悪魔の首領であるサタンは、もとは創造神に仕える天使でした。それも、なみの天使ではありません。**ケルブ**と呼ばれるかなり高位の階級の天使です。ハンサムで、賢く、力に満ち、ようするにスーパーエリートだったわけです。

そんなエリート天使が、なぜ悪魔に堕ちてしまったのか。それは、あまりにも自信がありすぎたせいで、自分が神になりたいと願ってしまったからです。自分はこんなにも優れているのだから、自分こそが褒めそやされるべきだし、人間たちから崇められるべきだ。そう考え、神に反逆したのです。

はじまりはエデンの園

とはいえ、天使が普通に神と戦っても武力では勝ち目がありませんから、サタンは「神が一番偉い」という権力構造に異議を唱えました。人間は誰も神に支配などされたいと思っていない、神は自己中心的な暴君だ、と中傷したのです。このため、悪魔を表すギリシャ語**「ディアボロス」**には、「中傷者」という意味があります。

エデンの園では**「神が知恵の実を食べるなと命じたのはタダの意地悪ですよ」**とイブにささやくことによって、見事に人間を神に反逆させることに成功しました。結果として人間はエデンの園から追い出され、死んだり苦しんだり殺し合ったりと、不幸にまみれるようになったのです。

～創世記3章～

他の宗教の神は悪魔扱い！

聖書は一神教の神話ですから、創造神以外の神を認めません。なので、古代イスラエルの周辺地域にいる神々はすべて悪魔として扱われていました。

古代イスラエル人が他の神々に浮気をするたび、彼らは悪魔に従ったとして天罰を受け、疫病に襲われたり、神の庇護を失って他の民族に侵略されてしていたのです。イスラエル人がバビロンに流刑になったのも、そういった理由からだとされています。

【ベエルゼブブ】聖書に出てくる数少ない悪魔の名前の１つ。古代イスラエルの周辺民族ペリシテ人の最高神バアル・ゼブルと同一の存在です。イスラエル人はこの異教の神を「蝿の王」と呼んで馬鹿にしました。

【アスタロト】メソポタミア地方の豊穣の女神。古代イスラエル人にとっては異教の神だったので、悪魔の名前として定着しました。

聖書と魔法

他の宗教の神は悪魔扱いですかー。
なんかわたしたちの悪口言われてるような気がしますー。

ぶっちゃけ、他の神々の力とかで魔法使ったりするからな。

そもそも魔法っていうのが、聖書では「悪魔の力」なのよね。
中世ヨーロッパでは魔女狩りなんてのもあったし。

ただ、この辺の事情は複雑で、教会が支配する前からヨーロッパにはケルト人の宗教が存在して、それはそのまま受け継がれていたりもしたの。

魔女は元々、ケルト人の呪術医なんかを指す言葉だったのね。

確か、弾圧されてたのは黒魔法だったっけ。

そう。
白魔法は意外と受け入れられてたから、適当なものよね。

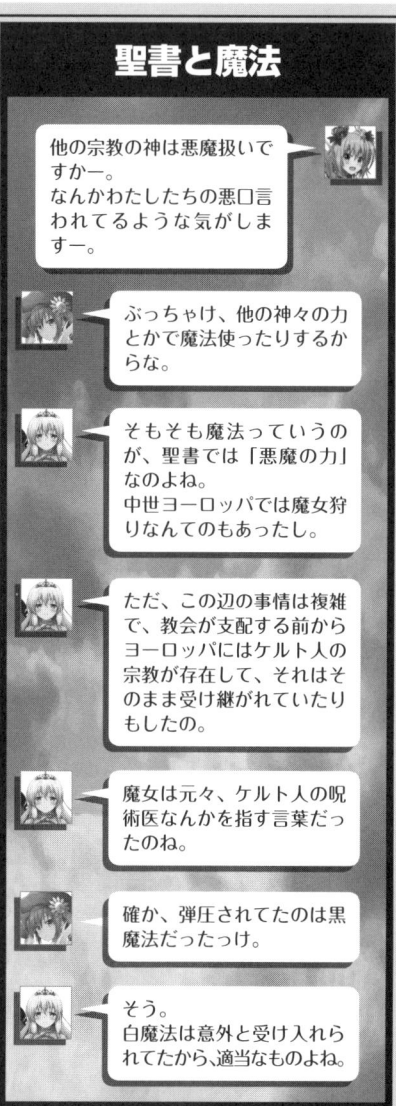

ノアの箱船は“船”ではなかった？

何十年もバカにされ続けたノア

ノアの箱船。ドラえもんの大長編『のび太と雲の王国』や『ドリトル先生と秘密の湖』にもその名前は出てきますし、何度もハリウッドで映画化されていますから、知らない方はいないでしょう。

昔々、あるところにノアというおじいさんがいました。その頃の世界はネフィリムという巨人に荒らされ、人間たちも腐敗しきっていました。神は世界を浄化することに決め、まともな人間だけを生き残らせることにしました。

その手段として選ばれたのが、**箱船**です。

ノアは神の与えた設計図に従って巨大な箱船の建造を始めましたが、他の人間たちからは馬鹿にされ続けました。なぜなら、その頃はまだ一度も雨が降ったことがなかったからです。大洪水なんて誰も想像できなかったのです。基本的に誰も建造を手伝ってくれなかったので、ノアは家族だけで箱船を造るしかありませんでした。

箱船の目的とは？

箱船の長さはおよそ133メートル。ノアの家族8人だけで建造するには、数十年～百年ほどの期間がかかったと言われています。

その中には様々な植物や動物が集められました。箱船には自力で移動するオールやスクリューといったものは装備されていなかったので、船と呼ぶのはふさわしくないかもしれません。それは、**「水に浮く巨大シェルター」**でした。大洪水のあとも地上の生命が絶えないよう、保存することを目的としていたのです。

四十日の大雨

箱船の建造が終わると、神の手によって入り口の巨大な扉が閉じられました。それから降り出した大雨は、**四十日四十夜**続いたと言われています。聖書においてはこの「四十日四十夜」という単位が妙に好まれており、モーセやイエス・キリストが山にこもったのも「四十日四十夜」です。きっとそこには、「浄化」や「変容」といったイメージが含まれているのでしょう。

～創世記6－9章～

ノアの息子たち

ノアには3人の息子がいました。すなわち、セム、ハム、ヤペテです。聖書中においては、この3人から全人類が生まれたとされています。

民族の分類で「セム語族」「ハム語族」というものがありますが、もちろんノアの息子たちの名前に由来しています。

ハムの息子カナンは祖父であるノアの怒りを買い、他の兄弟の奴隷になる呪いを受けてしまいました。古代イスラエル人はのちにカナン人を征服し、一部を奴隷にしてしまいますが、その行動はノアの箱船伝説と関係があるのでしょう。また、アメリカで奴隷制度が存在していた時代には、「アフリカ人はカナンの子孫である。だから、我々白人の奴隷になるのは当然なのだ」と正当化するために、聖書のこのエピソードが利用されたこともあったようです。

【鳩とオリーブの葉】 大洪水の水が引いたことを、鳩がオリーブの葉を運んでくることで教えてくれました。このオリーブの葉は平和の象徴となり、国連の旗にも使われています。

神の裁き

腐った世界を洪水でリセットしようだなんて、なかなか過激だよな。

そこが一神教の神話の面白いところよね。
ようするに世界は神の創作物であって、小説家の原稿みたいなものだから、壊すのも焼き払うのも神の自由、っていう考え方がベースにあるのよ。

大洪水だけじゃなく、他にもそういう浄化作戦が聖書に出てくるしね。

うえええ……怖いですううう……。

まあ、ギリシャ神話とかでも浄化が好きな神は結構いるんだけどね。

たとえば？

酒の神バッカスとか。
乱痴気騒ぎする酔っぱらいを批判した住民を、虐殺したりしたわ。

なんて理不尽！

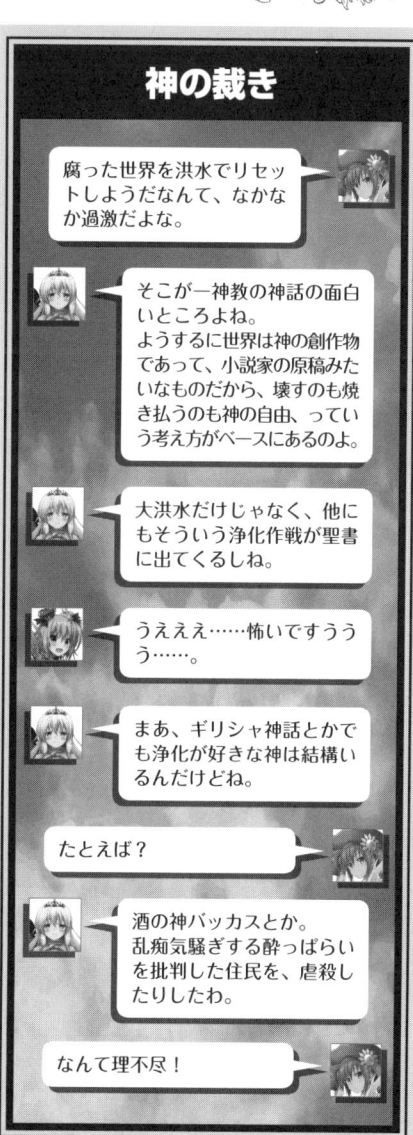

言語が生まれたバベルの塔

古代の巨大プロジェクト

ノアの大洪水のあと、神が人間に命じたのは、世界中のあちこちに散らばって人口を増やしていくことでした。

ですがその頃、**ニムロデ**という指導者が生まれました。彼は自分たちが世界中に散らされることがないよう、よりどころとなる巨大な塔の建築を始めました。これが**バベルの塔**です。当時の人類は1つの言語しか持っていなかったので、チームワークは抜群でした。ですが、これは神に対する反逆を意味しました。

神の介入発生！

このままでは人間たちが1カ所に留まってしまい、神の目的が達成できません。そのため、神はバベルの塔の建設に携わっている人たちの言語を無数に分裂させることにしました。

結果として、巨大プロジェクトの遂行に必要なコミュニケーションが取れなくなり、人間たちはバベルの塔の建設をやめて世界中に散らばっていきました。これにより民族が分かれ、民族同士の争いも起きるようになったのです。

バベルの塔のその後

この塔は古代の都市バビロンに存在したと言われています。そこはバビロニア帝国の首都でした。バビロンに流刑にされた古代イスラエル人にとっては悪の象徴とも言える都市で、聖書中では悪いイメージでばかり登場します。

ちなみに、バベルの塔を建造しようとしたニムロデはアッシリア帝国の祖ともされています。ニムロデの誕生日は12月25日であり、実はクリスマスはニムロデの誕生祝いである、とする説もあります。

～創世記11章～

バベルが出てくるあれこれ

バベルの塔も様々な作品にでてきます。ドラえもんの大長編『のび太と雲の王国』はもちろん、『バビル2世』という往年のアニメもそうです。『バビル2世』では主人公がバベルの塔を相続したという設定でした。

また、翻訳スクールや翻訳会社を経営する『バベルグループ』という団体も実在します。世界中の言語が生まれたとされるのがバベルの塔ですから、非常に興味深い名称だと言えるでしょう。

【古代の巨大プロジェクトの意味】エジプトにおけるピラミッド建設もそうですが、古代の巨大建造物は、単なる実用性のためだけに造られたわけではありません。

そこには、「支配者の権力をアピールする」「民の結束を強める」といった目的があることがほとんどでした。これだけの大人数を動員できるのだから、支配者もよほど凄い人に違いない、と思わせたかったのです。どこの国よりも高いタワーを造ろうとする現代人と、似ているような感じもしますね。

事件の理由は……

もしバベルの塔の事件がなかったら、世界中の人たちが自由にお喋りできたんですよねー。
もったいないですー。

言葉が違うからわかり合うのが難しくなるし、戦争も起きちゃうわけだからな。

それはそうね。
ただ、これは文明の発展スピードを下げるためだったという解釈もあるわ。

もし言葉が世界共通だったら、人間はもっと協力し合うことができ、技術もどんどん上がっていたかもしれない……そして、人類の自滅がもっと加速したかもしれない……なんて説ね。

えっ、えっ？ ちょっと待ってください！
それって人類が自滅するって言ってるようなものじゃないですか！

ふふふ……そうかもね。

天まで届くヤコブの梯子

SFの元ネタが聖書に！

軌道エレベータという言葉をご存じでしょうか。宇宙ステーションと地上のあいだをケーブルで繋ぎ、そこにエレベータを作ることで、楽に宇宙へ昇っちゃおうという建築物です。

アーサー・C・クラークのSF小説『楽園の泉』は、軌道エレベータを造る壮大なプロジェクトの物語でした。『機動戦士ガンダム00』にも軌道エレベータが登場します。SFファンにとってはお馴染みであり、憧れの存在です。最近では現実世界でも軌道エレベータを造ろうとする実験が進められているようです。

この軌道エレベータは別名『**ヤコブの梯子**』とも呼び、聖書中に元ネタが出てきます。

兄弟の確執

のちにイスラエルと改名し、イスラエル人の父祖となったヤコブは、族長イサクの次男でした。当時の世界では長男ばかりが尊ばれ、次男はほとんど財産の分け前もありません。また、族長である父親に祝福の言葉をもらえるかどうかが、その後の人生を大きく左右しました。

そのため、賢いヤコブは兄エサウに変装することで、目の悪い族長イサクを騙し、まんまと祝福と長子の権（相続権）をもらうことに成功します。当然、兄エサウには殺されそうなほど憎まれ、地元から逃げ出すしかありませんでした。

天界との移動手段

逃げる途中でヤコブは夢を見ます。なんと、天と地上のあいだに梯子がかけられており、そこを通って天使が上り下りしていたのです。気が付けばヤコブの隣には神が立っており、**「あなたの子孫は偉大な民族になるだろう」**と約束してくれました。この民族というのが、古代イスラエル人です。

～創世記 25-28 章～

古代は魔法が満ちていた

　ヤコブと兄のエサウは双子でした。生まれるときヤコブはエサウのかかとを掴んでいたので、「かかとを掴む者、出し抜く者」を意味するヤコブという名前を付けられました。実際、ヤコブはエサウを出し抜くことで祝福を得たので、名前通りになったと言えます。

　他にも、聖書中に出てくる登場人物は、名付けられた通りの運命をたどることが多いようです。ルツ（＝友という意味）は民族の異なる姑の大切な友達になりましたし、ギデオン（＝伐採者という意味）は異教の神の聖木を切り倒しました。名は体を表すとはよく言ったものです。

【イスラエル】ヤコブはかなりアグレッシブな男性でした。なんと、道で出会った天使とレスリングを始め、「私を祝福しないと先には進ませない！」と強要したのです。ヤコブがしつこいので天使はヤコブを祝福します。そのとき与えられた名前が「イスラエル（＝神に勝利した者の意）」でした。これは現在でも国名として受け継がれています。

ヤコブはどんな人？

お父さんを騙して相続権をもらうなんて、ヤコブさんってずるい人だったんですね。

でも、エサウはとっくに弟に相続権を売り渡していたのよ。
お腹が空いてたまらないときに「お前の料理をくれるなら相続権なんて要らない！」って言ってね。

そんなに弟の料理が好きだったんですか！

いや、それは違うと思うぞ……？

エサウがだいぶ軽はずみな人だったのは間違いないわ。

ヤコブが向上心の塊みたいな人だったのもね。

天使と戦うぐらいだもんなー。あいつらとバトルだなんて……ぶるぶる、考えたくもないぞ。

ソドムとゴモラの滅亡

腐敗した古代都市

ソドムと**ゴモラ**という都市は、堕落しきっていました。商業的に繁栄した都市だったのですが、そういう場所の常として性的に乱れに乱れていたのです。そのため、神はソドムとゴモラを滅ぼすことに決めました。

天使をレイプしようとする住民

ですが、ソドムには滅ぼしてはならない善人も住んでいました。それはロトという男性です。『ドラゴンクエスト』にもロトの一族という勇者の血脈が出てきますが、その元ネタとなった人物です。

神は天使を派遣して、ロトをソドムから脱出させることにしました。天使はソドムに向かい、とりあえずロトの家に泊まることになりました。すると、ソドムの住民たちが家の周りに押し寄せ、**男性の姿をした天使たちとセックスをさせろ**と怒鳴り始めたのです。

ロトは**「自分には処女の娘が２人います。この子たちで我慢してください」**とご近所さんたちに懇願しますが、住民たちは納得せず、ロトを殺そうとまでします。呆れた天使たちはロトを家の中に引きずり込み、住民たちに幻惑魔法のようなものをかけることで、家の入り口がわからないようにしました。

ソドムからの脱出

天使たちはロトにソドムの滅亡を警告し、一族を率いて逃げ出すよう勧めます。ロトは娘の婿たちにその話を伝えますが、婿たちは信じません。そのくらいソドムは栄えていたのです。親族を置いて行くことができず、ロトはソドムからの出発をためらいます。

ですが、天使たちに急かされ、ロトは妻と２人の娘の手を引いてソドムを脱出します。天使たちは**「うしろを振り返ってはならない」**と命じたのに、ロトの妻はソドムに残した財産が惜しくて振り返ってしまいました。警告に耳を傾けなかった妻は、罰として塩の柱に変えられてしまいます。

街には天から火の雨が降り注ぎ、ソドムは滅亡しました。

～創世記 18-19 章～

ソドムが出てくる作品

　ソドムとゴモラのエピソードはクリエイターたちに大きな刺激を与えているらしく、様々な作品に名前がでてきます。

　たとえば、海賊漫画『ワンピース』でフランキー一家の船を引っ張っている家畜の名前は、ソドムとゴモラです。『女神転生外伝 ラストバイブル3』にもソドムという街が登場します。『天空の城ラピュタ』では、ラピュタの持つ兵器はソドムを焼き払った力である、とムスカ大佐が語ります。ハリウッドのパニック映画で小惑星が地球に激突してくるタイプは、あきらかにソドムとゴモラの滅亡を意識している作品ばかり。

　実際、当時その地方では小惑星のかけらが降り注いだことがあったらしく、それがソドムとゴモラの滅びを引き起こしたのではないかとも言われています。

【ロト】アブラハムの甥。勇者でも異能者でもなく、普通のおじさんでした。自分が住む地方を選ぶとき、繁栄していたソドムを選んだせいで、大災害に巻き込まれました。

百合も BL も

くらえーっ！
ソドムフレイム！！！

さっきから杖を振ってなにしてんだ？

ソドムみたいな街を見たら滅ぼす練習です！

怖い練習するな！

そんな街許せませんから！
お仕置きです！

でも、そういうことを言っていたら、現代の街はほとんど滅ぼさなきゃいけなくなるかもね。
ソドムとゴモラが滅ぼされたのは、そこに同性愛者がいたせいでもあるから。

お、女の子を好きになっても駄目なのか？

好きな女の子でもいるんですか？

い、いや……別に……。
って、顔を近づけるなっ！

実の娘と子作りをしたロト

一族の悩み

無事にソドムを脱出したロト一家。最初はツォアルに落ち延びたものの、また町が滅ぼされるかもしれないと怖くなり、山へ逃げて洞窟で暮らし始めました。

ロトと娘たちは怪我一つありませんでしたが、ロトの妻は塩の柱になってしまい、２人の娘の婿たちは街と一緒に滅びてしまいました。しかも、周囲にはまともな結婚相手が見つかりそうにありません。

さて困った状況です。この時代において、子供を残すことはなによりも大切な使命。なんとしてでも子作りはしないといけないのです。そこで、ロトの２人の娘は処女だったのに、とんでもない名案を思いつきました。

そうだ！ お父さんとセックスしよう！

２人の娘はそう話し合い、作戦を実行します。なんと、父親に酒を飲ませてグデングデンに酔わせ、父親が知らないあいだに**逆レイプ**したのです。

最初の晩は姉が父親とセックスし、次の晩は妹が父親とセックスしました。善人ロトの娘とはいえ、腐敗したソドムの街の影響をしっかり受けていたことがわかりますね。

無事、懐妊

２人の娘は父親によって妊娠し、それぞれ子供を産みました。姉の息子は**モアブ人**の始祖となり、妹の息子は**アモン人**の始祖となりました。どちらの民族ものちに、イスラエル人の敵となります。

モアブ人の女たちがイスラエル人を誘惑したせいで天罰が下り、24000 人の男が殺されたり。アモン人の王がイスラエルの都市を攻め、男たちが自分の右目をえぐり取れば許してやると要求したり。とにかくイスラエルと仲の悪い民族でした。古代イスラエル人がこの２つの民族を嫌うあまり、**「奴らは近親相姦で生まれた民族だ！」という神話**を生み出したのではないか……とする説もあります。

～創世記19章～

“ロトの一族が勇者の血脈だ”というドラクエの設定

この設定は、意外と聖書通りなのかもしれません。なぜなら、ロトの子孫であるモアブ人のルツという女性が、キリストのご先祖になったからです。ルツはイスラエル人の夫と死別し、その姑に付き添ってイスラエルまでやって来ました。年老いた姑を1人にはさせられませんでしたし、夫の家を絶やすわけにはいかなかったからです。そのためにルツが選んだのが､レビレート婚。これは、未亡人が夫の兄弟と結婚することで夫の跡継ぎを作るものです。日本でも江戸時代初期くらいまでは同じ習慣がありました。

ルツのレビレート婚の相手になるべき男性は、ボアズという年老いた人物でした。ルツの年齢ならもっと若い男性を選ぶのが自然だったのに、亡夫の一族のためにボアズを選んだことから、ルツは見上げた女性だと褒め称えられます。結果として、ルツは敵国人ながらキリストの先祖となり、女性の名前があまり登場しない聖書において書名の1つ『ルツ記』になるほどの名誉を得ました。

お家のために

父親と、こ、子作りするなんて、なに考えてんだこいつらは！
ふ、ふふふふふしだらな！

まあ、古代だとそういう出来事は結構あったんだけどね。ギリシャ神話のエディプスは母親とそんな関係になったし。

あれは母親だと知らなかったからだろ！
事故だ！ でもこれは！

褒められた話ではないわよね。
ただ、ロトの事件に関しては、それだけ娘たちの「一族の子孫を残さないと……！」という気持ちが強かったのだ、という説もあるわ。

手段を選ばない連中だな……。

昔は「家」に対する執着心が強かったからね。
現代の人間たちは……個人主義の人が多いから考えられないわね。

マナは魔力ではない!?

民族を救ったアイテム

RPGで魔力などを表す単語として頻出する『**マナ**』。実はこれ、聖書の中では魔力とはまったく関係のない物体として出てきます。

時は、イスラエル人が奴隷になっていたエジプトから脱出し、シナイの荒野をさまよっていた頃。食べ物が見つからなくてお腹が空いたイスラエル人は、指導者のモーセと神に向かって文句を言い始めました。**「こんなことならエジプトにいればよかった。あそこなら食べ物があったんだ」**と。神によって辛い奴隷生活からやっと解放してもらったのに、エジプトのほうがマシだとぼやいたのです。喉元過ぎれば熱さを忘れるとは、よく言ったものですね。

そんな恩知らずなイスラエル人に神は怒ることなく、約束します。**「あなたたちのために天からパンを降らせてあげよう」**と。

マナは食べ物

朝になり、テントから出てきたイスラエル人たちは、地面を白い霜のようなものが覆っているのを発見します。それを集めて食べてみると、ハチミツ味のセンベイのような味がしました。これがマナです。

夕方には大量のウズラが飛んできて、「肉を食べたい！」と文句を言っていたイスラエル人たちの願いも叶えられました。

従わないイスラエル人

神はイスラエル人たちに、マナは必ず１日分だけ集めるようにと命じました。ですが、朝までマナを取っておく者たちもいて、時間が経ったマナには虫が湧きました。「なんで言うことを聞かんのか！」と指導者モーセは怒ります。「前向き駐車しなさい」と立て札があるのに前向き駐車をしない人が大勢いるように、人の指示を聞く気がない人は昔からたくさんいるんですね。

このマナは『**契約の箱**』という重要な箱に収められ、のちにイスラエルの神殿の聖域に保存されることになります。

～出エジプト記16章～

魔力を表すマナは別の由来があるのかも？

実はこのマナという単語、聖書中だけではなく、オセアニア地方の宗教で超自然的な力として出てくるんです。RPGに出てくる魔力としてのマナは、こちらに由来していると考えたほうが良いかもしれません。ただ、聖書のマナも神から与えられた奇跡の食べ物ですし、2つのマナのあいだにはなんらかの関係があると見ていいでしょう。

【聖剣伝説】皆さんご存じ、『ファイナルファンタジー』の外伝。ゲームボーイ版の展開に涙した方はきっと多いはず。このシリーズには「マナの女神」という存在が出てきます。『聖剣伝説DS CHILDREN of MANA』では、主人公が「マナの村」というところに住んでいたりもします。

【マナケミア～学園の錬金術士たち～】アトリエシリーズを学園モノにしたようなゲームです。なかなかアダルトな台詞回し、一風変わったキャラクターなど、それまでのアトリエシリーズとは違った趣を楽しめます。もちろん、それまで同様に錬金システムは健在です。

完全栄養食

くそぅ……私がその時代のシナイ地方にいたらなぁ……魔力をもっともっと強くできたのに。

食べ物のマナを食べて、魔力のマナが増えたりするんでしょうか？

それはわからないけど、体が丈夫になるのは間違いないわね。

全身筋肉になれるんだな!? ボディビルダー並に！

それはわからないし、バルタにそんなふうになって欲しくはないけど。

でも、古代イスラエル人はウズラの肉とマナだけを食べて生き延びたんだから、完全栄養食といっていいレベルだったのは確かよ。

はわわ……想像したらよだれが。おいしそうですー。

恐るべき禁忌の箱『契約の箱』

イスラエル人の契約とは

エジプトを脱出したイスラエル人は、神と契約を交わしました。それは、**「神の命令を聞けば神の祝福を受け、最強の国民として豊かな生活ができる。だが、命令に逆らえば呪われ、天罰を受ける」**という契約です。イスラエル人はしょっちゅう悪いことをして天罰を受け、何万人も殺されたりしていましたが、それは神が残酷だったわけではなく、契約通りだったわけです。

聖なる箱

イスラエルの祭司が礼拝を行う『**至聖所**』には、『**契約の箱**』というものが置かれました。契約の箱の中には、『**マナ**』の入った金の壺、凄まじい力を秘めた『**アロンの杖**』、神が自らの指で文字を刻んだ『**十戒の石版**』が収められました。近づくのさえ恐ろしいほどの強力なアイテムの数々です。そして実際、契約の箱は恐ろしい存在でした。

触れるだけで死!?

契約の箱の上には神が降臨すると考えられており、イスラエル人が戦場に契約の箱を運んで行ったこともありました。その際、敵国のペリシテ人たちは**「もう俺たちは負ける！ 奴らの神が来た！」**と絶望したと言います。

結局、その契約の箱は敵国に奪われ、戦利品として異教の神の神殿に置かれました。が、天罰が下って異教の神の彫像が破壊されてしまい、ペリシテ人は契約の箱をイスラエル人に返すことにします。

のちに、イスラエルのダビデ王が首都エルサレムに契約の箱を運ばせることにしました。そのとき、牛車に載せられた契約の箱が地面に転げ落ちそうになり、ウザという男性がとっさに契約の箱をキャッチしようとします。ウザは聖なる箱に軽々しく触ろうとした罪で天罰を受け、死亡しました。契約の箱は完全にタブー。適当な扱いをすれば悲劇しか待っていなかったのです。

～サムエル記上4-7章～

アーク（聖櫃）

契約の箱のことを英語では ark と呼びます。ノアの箱船も同じく ark です。かの有名なインディ・ジョーンズ・シリーズの1つ『レイダース/失われたアーク』という映画では、インディ・ジョーンズが契約の箱を手に入れるため冒険を繰り広げます。聖櫃を欲しがるナチスとの壮絶な闘いです。RPG の『アークザラッド』シリーズにも、聖櫃は登場。主人公の名前もアーク（聖櫃）です。

【アロンの杖】 モーセがエジプトで異能バトルを勝ち抜くために使っていた杖。アロンはモーセの兄であり、イスラエルの大祭司でした。

あるとき、イスラエル人のあいだで、誰が神と直に謁見するかという争いが生じました。その際、イスラエルの12部族の代表がそれぞれ杖を提出し、神が杖に奇跡を起こすことで謁見する相手を選ぶことになりました。すると翌日、レビ族の代表であるアロンの杖だけに花が咲いたのです。まさに「枯れ木に花を咲かせましょう」状態。結局、アロンが神との謁見役を続けることになりました。

三種の神器

アロンの杖を売ってくれ。

ありません。

あれがあったら最強の魔法少女になれると思うんだ。
1つの国ぐらい簡単に滅ぼせるだろ。

国を滅ぼしたいんですか～？

いや、そういうわけじゃないけど。
なんか憧れちゃうんだよ。

アロンの杖だけじゃなく、十戒の石版もマナの壺も契約の箱も、とんでもないアイテムよね。
裏で取り引きされたとしたら、いったいどのくらいの値がつくことか。

3種類のマジックアイテムって、三種の神器みたいだよな。
1個でいいから手に入らないかなぁ……。

世界一の叡智を究めた
ソロモン王

ダビデ王朝の絶頂期

イスラエル王国の初代国王サウルが戦死したあと、ダビデ王朝が樹立されました。ダビデの息子である**ソロモン**が王位を継ぎ、イスラエル王国がもっとも繁栄を極めた時代となります。

その時代にようやく神殿が建造され、契約の箱が安置されました。神殿に用いられた金銀の贅沢さたるや、素晴らしいものでした。

ソロモンの願い事

あるとき、ソロモン王は1000頭の家畜を神への生け贄として捧げました。その晩、ソロモンの夢に神が現れ、**「なんでも願い事を言うように」**と告げます。ソロモンは**「民を正しく裁くための知恵をください」**と願いました。自分のために富や長寿や勝利を望まなかったソロモンのことを神は喜び、世界一の知恵を与えることにします。

賢王ソロモン

最高の知恵を手に入れたソロモン王は、大岡裁きを発揮するようになります。様々な国と密接な外交を行い、イスラエルに経済的繁栄をもたらし、豊かな時代を築きました。自らの知恵を収めた書物を大量に記録することも行いました。

多くの国からソロモンの名声を聞きつけた使節が訪れ、ソロモンの知恵を聞き出そうとしました。有名なのはシェバの女王でしょう。彼女はたくさんの贈り物を持参してソロモンと会い、自分の疑問をことごとくぶつけます。その討論が終わったあと、シェバの女王は**「私が聞いていた評判よりも、あなたはもっと知恵に溢れた方だった」**と感嘆しました。

～歴代誌下１～９章～

ソロモンの伝説

聖書に書かれていないソロモン王に関する伝承は、様々なものがあります。たとえば、『ソロモン 72 柱』。これは、ソロモン王が強力な魔術で使役した 72 人の悪魔たちだとされています。ライトノベル『レンタルマギカ』では、ヒロインのアディリシアがソロモン 72 柱の悪魔を使役します。『アラビアンナイト』の壺に閉じ込められた魔神を封印したのはソロモン王だともされています。

【ソロモン王の晩年】 叡智と繁栄の限りを謳歌したソロモン王でしたが、晩年のエピソードは思わしくありません。あちこちの国と政略結婚を繰り返したため、異教徒の妻を多く抱え、その妻たちに誘われて異教の神々への礼拝を始めたのです。聖書の神は絶対神ですから、他の神を認めません。そのため、ソロモン王の裏切りに怒り、イスラエル王国を２つに分裂させました。北の 10 部族をまとめるイスラエル王国と、南の２部族をまとめるユダ王国に分けてしまったのです。ソロモンの後継者は小さなユダ王国だけを支配することになりました。

秘宝

女にたぶらかされて国を衰退させるなんて、ソロモンもたいした魔術師じゃなかったんだな。

それはそうね。
ただ、これは文明の発展スピードを下げるためだったという解釈もあるわ。

そういえば、ソロモン諸島ってところがあるじゃないですかー。
あれって、ソロモンさんの島なんですか？

まったく関係ないわね。あの島は、スペイン人の探検家が金を発見したとき、「これって伝説のソロモン王の秘宝じゃないか！」って大騒ぎしたせいで、そういう名前になったの。

ソロモン王の指輪とかはなかったんだな？

私も当時行ってみたんだけど、なかったわ。

行ったのか……。

火の戦車で飛び去った預言者

預言者エリヤ

聖書の中でモーセやイエスに並んで強力な預言者とされるのが、**エリヤ**です。彼の仕事は基本的に、北イスラエル王国を治めていたアハブ王家と闘うことでした。当時のアハブ王家はバアル神を礼拝していました。バアル神は聖書ではベエルゼブブと呼ばれ、悪魔だと考えられていましたから、アハブ王家のやっていることは大罪です。エリヤはそれを批判し続け、争いを引き起こしていたのです。

エリヤの異能

彼が起こした奇跡には様々なものがあります。アハブ王家を懲らしめるため、雨が降らないようにしたり。別の神の預言者たちと同時に犠牲の品を捧げ、自分の犠牲だけ神に炎で焼き尽くして（食べて）もらったり。捕縛に来た軍隊を、天から降り注ぐ炎で焼き尽くしたり。完全に異能バトルです。範囲攻撃魔法を使いまくりです。火炎系の攻撃能力に関して、聖書中でエリヤに勝る人はいません。

去るときのエフェクトもド派手 !!

さて、エリヤが後継者のエリシャに役職とそれを表す服を譲るときがきました。エリヤは**「なにか願い事はないか？」**とエリシャに尋ねます。エリシャは**「あなたの 2 倍の力が欲しいです」**と大胆な願いを口にします。エリヤは**「私が去るところを目撃できれば、願い事は叶うだろう」**と約束し、そうこうしているうちに天から火の戦車と火の馬が現れます。エリシャの見守る中、エリヤは火の戦車に乗り込み、竜巻によって飛び去っていきました。

去り際まで炎に包まれているなんて、エリヤを RPG で属性分けするなら、確実に炎属性ですね。

～列王記上17章・列王記下2章～

そもそも預言者とは？

予言者といえばノストラダムスが有名ですが、聖書に出てくる預言者は微妙に文字が違います。預言者のほうは、日本人にとってあまり馴染みのない単語かもしれません。この2つの違いはなんでしょうか？

それは、予言者は「未来の出来事を教える」のが仕事なのに対し、預言者は「神の言葉をみんなに教える」のが仕事だということ。神の言葉には未来の予知も含まれますので、預言者が未来のことを教えたりもするのですが、それは飽くまで一部。他にも、「このまま貴国が悪いことをし続ければ天罰が下りますよ」と神の警告を伝えるのも仕事です。

結果、どうなるか。耳が痛いことを聞かされた国民や王様からなぶり殺しにされることが多いです。イソップ寓話で警告を発し続けたアイソーポスが殺されたのと同じです。いつの時代も、人は自分にとって都合の良い意見、受け入れやすい言葉だけを聞きたがるもの。報道の傾向や、インターネットで流布する風説を観察していると、それがよくわかるのではないでしょうか。

消息不明

よーし、エリヤさんのとこに弟子入りしてきますー！炎魔法をもっと鍛えたいですし！

さすがに死んでるだろ！何千年昔の術者だと思ってんだ！

それが、エリヤの死亡記録はどこにも残っていないのよねえ。
エリシャは確実に亡くなってるんだけど。

え……？
この火の車で去ったってのは、天国に連れ去られたんじゃないのか？

そう思いがちだけど、そのあと別のところで普通に仕事してるのよね。
ユダの王様に神様の警告メール送ってるし。

ただの転勤かよ！紛らわしいな！

それに、私たち術者にとって時間なんて……特に意味はないでしょ？

処女に懐胎を告げた天使ガブリエル

予言の子

西暦１世紀頃、ユダヤ人たちは自分たちを救ってくれる救世主が現れるのを必死に待っていました。バビロニア帝国に祖国が滅ぼされてからというもの、列強の支配を受け続け、ローマ帝国の圧政に苦しんでいたからです。

天使降臨

そんなとき、処女マリアのところに天使ガブリエルが降臨し、**「あなたは神の子を産むでしょう」**と告げます。神の聖なる力がマリアを覆い、奇跡によって子を宿すのです。神の子はダビデ王の後継者となり、その国を永遠に治める、とガブリエルは教えます。

これがギリシャ神話や日本神話と違うのは、**決してイエスが神とマリアの混血だったわけではない**、というところです。イエスは飽くまで**「神の子」**でした。

婚約者の苦悩

マリアの妊娠を知った婚約者のヨセフは、マリアの将来のために密かに離婚しようとします。配偶者以外とのセックスは許されていなかった時代。事を公にすれば、マリアは石打ちにされて処刑されるからです。

ですが、天使が現れ、ヨセフに告げます。マリアは処女であり、なにもうしろめたいところはない。お腹の中にいるのは神の子供である、と。ヨセフはそのお告げを聞き、マリアとの結婚を決意します。

赤ちゃんの預言者

マリアが親戚のエリサベトの家を訪れると、エリサベトのお腹に宿っていた預言者ヨハネが小躍りします。まだ赤ちゃんだったのに、救世主が来たのがわかって大喜びしたのです。

～ルカ1章～

そもそも天使ってなに？

日本では『天使』という呼び方がメジャーですが、聖書の中では「主の使い」などと呼ばれます。肉体を持たない霊だけの存在で、神の部下、使いです。仕事は、神のメッセージを人間に伝えたり、敵を倒したり、聖域を守ったりと様々。

「神を直接見た人間は死ぬ」と言われているため、神と人間のあいだの仲介のようなことをしています。聖書中では預言者が神と話すシーンがあったりしますが、そういったシーンで「神」と呼ばれているのは、「神の代役として現れた天使」なのです。

また、基本的に天使は成人男性の姿というのが聖書におけるイメージです。イラストなどに描かれる赤ちゃんの姿をした天使は、ローマ神話の愛の神キューピッドのイメージが混同されたものです。

【ガブリエル】聖書に名前が出てくる天使は、ガブリエルとミカエルのみです。かなり高位の天使だと考えられます。マリアに処女懐胎を告げたり、エリサベトに預言者ヨハネの懐胎を告げるなど、伝令役として登場します。

最強ジョブ

はいはいっ！ せんせー！
この前、天使さんと軽くバトルになったんですが、光属性耐性の魔法鎧を着ていたのにボロボロにされました！
どうしてですかっ？

ちょ、おまっ、天使と喧嘩したのかよ！
アホか！ 死ぬぞ！

まず、根本的な誤解があるみたいだけど、天使は光属性攻撃だけじゃないからね。

炎属性だって水属性だって雷属性だって使いこなすし、なんなら闇属性の力も使えるからね。

天使なのに闇!?

そう。エジプト全土を闇で覆ったこともあったわ。
しかも攻撃力も桁違いだし、闇属性の魔法も効かないし……。

天使に会ったら即逃げろってことだな。

星に導かれた３人の魔法使い

家畜小屋での聖誕

イエスと名付けるよう天使ガブリエルが命じた神の子は、両親の旅行中に家畜小屋で生まれます。マリアとその夫ヨセフが普通の宿に泊まれなかったからです。マリアは神の子を家畜のえさ入れの中に横たえました。

天使と羊飼い

その夜、羊飼いたちが外で放牧した羊の番をしていると、天使が現れ、神の子の誕生を告げます。仰天する彼らの前に天界の軍勢まで出現し、歓声を上げて喜びます。羊飼いたちはイエスの生まれた家畜小屋まで大急ぎで駆けつけます。

東方の三賢者

東方からは、３人の魔法使い『**東方の三賢者**』が星に導かれ、長い旅をしてやってきました。魔法使いたちは神の子を発見するや大喜びし、たくさんの宝物を贈ります。

３人を導いた星は、俗に『**ベツレヘムの星**』『**クリスマスの星**』と呼ばれます。クリスマスツリーのてっぺんに星を飾る習慣は、ここからきているのです。

ヘロデ王による幼児虐殺

東方の三賢者からダビデ王の後継者の誕生を聞いたユダヤの王ヘロデは、自分の王位を奪われることを怖れ、乳幼児の虐殺を命じます。兵士がベツレヘムの民家を襲い、２歳未満の男の子をすべて取り上げ、殺し尽くします。この事件は旧約聖書の預言者エレミヤの言葉通りであると言われています。

マリアとイエスの家族は天使に警告を受け、ユダヤからエジプトに脱出し、難を逃れます。結局、ヘロデ王の企みが実を結ぶことはありませんでした。

~マタイ2章~

クリスマスは イエスの誕生日ではない？

イエスの生誕に関するエピソードでは、夜中に見張り番をしていた羊飼いたちが神の子の誕生を喜ぶシーンがあります。12月のベツレヘムはめちゃくちゃ寒いので、羊を放牧などできません。ですから、イエスの生誕は春から秋のあいだだったと推定されます。

12月25日は本来、キリスト教の祭ではなく、古代ローマの太陽神の誕生祭です。キリスト教は世界中に広まる過程で、各地の宗教を取り込み、征服していきました。その1つとして、ローマの盛大な祭も乗っ取ってしまったのです。ちなみに、西暦1年はイエスの生まれた年とされていますが、それも間違い。イエスは紀元前に生まれています。

【東方の三賢者】 聖書では「マギ」という名称で登場します。『まどかマギカ』『レンタルマギカ』『マギ』など、この用語が使われている作品はいっぱいあります。3人は占星術師であり、星を見て将来を予知するのが仕事でした。キリスト教の関係者ではなく、明らかに異教の魔法使いたちです。

三人の思い出

ふわ～……懐かしいですね……。

なにとは言わないけど、懐かしいわね……。

ああ……懐かしいな……。

まさか星を追いかけていったらあんな可愛い子がいるなんて思いませんでしたよねー。

ものすごくラッキーだったよな。
まさか王様があんなことするとは思わなかったけど。

2人とも、そのくらいにしておきましょうか。
いろいろまずいから。

あれから2000年たったけど、わたしたちは仲良し！
それでいいんですよね！

なにを綺麗にまとめようとしてるんだ……。

キリストの力を受けた十二使徒

イエスは「先生」だった！

結局、イエス・キリストってなにをした人なのかわからない……というのが日本人のよくあるパターンかもしれません。基本的にイエスは**「教師」**でした。人々からは「師」と呼ばれていました。ただし物理や数学などを教えたのではなく、正しい生き方や、神に喜ばれる人間のあり方などを教えながら旅をしていたのです。

先生には弟子がいる

イエスには大勢の支持者がいました。わかりやすくて心に響く話をするイエスは、当時のカリスマであり、庶民に大人気だったのです。弟子たちの中でも、常にイエスに付き添って旅する人たちがいました。それが十二使徒です。『新世紀エヴァンゲリオン』では、人間を滅ぼそうとする天敵として出てきますね。

十二使徒のメンバー

リアクションが素直で憎めない**ペテロ**、その兄弟**アンデレ**。
イエスにもっとも愛された**ヨハネ**、その兄弟**ヤコブ**。
のちに石打ちにされた**フィリポ**、彼に誘われて弟子になった**バルトロマイ**。
少しおっちょこちょいな**トマス**、税の取り立て人**マタイ**。
アルファイの子**ヤコブ**に、**タダイ**、**シモン**。
そして、イエスを裏切ったイスカリオテの**ユダ**で、合計 12 人です。

キリスト死後の十二使徒たち

イエスが生きているときから、十二使徒たちはイエスから力を授かり、様々な奇跡を行っていました。キリストの死後は、初期キリスト教会の中核メンバーとなり、教会の勢力を広げるため尽力しました。

しかし、その多くはキリスト教を憎む人々の手にかかって殺されます。旧約聖書の時代の預言者たちとは違い、使徒たちは戦闘系の能力を持っていませんでした。そして、武力で戦うことは、愛を最重要なものと考えるイエスの教えにも反していたのです。

～マルコ３章～

聖書と数字

　聖書においては、数字が象徴的な意味を持って使われていることがよくあります。聖書は預言や暗示に満ちた本だからです。たとえば、なにかを強調するとき、聖書中では台詞が２回ではなく３回書かれます。「聖なるかな、聖なるかな、聖なるかな」といった感じです。

　4は聖書では不吉な数字ではなく、完全な数字として使われます。7も同様で、だから777はスロットで良い数字なのです。神は天地創造を７日で終えたともされています。

　他方、6は不完全な数字だと考えられています。666という数字には特別な意味があるので、のちほど別の項目で詳しく取り上げます。

　また、12も聖書に繰り返し登場する数です。古代イスラエルは12部族から構成されていましたし、イエスに付き従っていたのは十二使徒でした。ちなみに、俗に13日の金曜日は不吉だとされますよね。その理由としては、「キリストが死ぬ直前の最後の晩餐が13人で行われたから」「キリストが殺されたのが金曜日だったから」という説があります。

モブ

使徒さんたち、12人全員はなかなか覚えられませんねー。

特にアルファイの子ヤコブ、シモン、タダイ辺りが覚えづらいよな……。
いったいなにをした連中なんだ？

書いてないわ。

えっ……。

名前は出てくるけど、なにをした人たちなのか、ほとんど聖書に記録が残っていないの。
つまり……モブなのよ！
目立つことをしなかった人はモブになる運命なの！

ひいいいいっ!?

だから自分が映るときはキャラを立てなさい、なるべく短いスカートを履きなさいって祖母が言ってたのよね……。

いったいなんの話だ!?

ご馳走は出なかった“最後の晩餐”

それはユダヤのお祭りの日だった

レオナルド・ダ・ヴィンチの有名な絵画『**最後の晩餐**』。イエス・キリストと十二人の使徒が夕食を取っている光景を描いたものです。最後の晩餐という言葉は、様々な小説や漫画などに慣用句のように使われていますから、ご存じの方は多いでしょう。これは文字通り、イエスが死ぬ直前の夕食でした。

ちょうど時期はユダヤの過越の祭の最中だったので、食事の内容も過越の祭のしきたりに従ったものでした。

メニューはシンプル

気になる献立は、イーストの入っていないカチコチのパン、葡萄酒、それだけ。質素なものです。パンはそのままでは固すぎて食べづらかったので、水に浸して食べなければなりませんでした。肉や野菜などが存在したとの記録はありません。ちなみに、このパンはキリストの体を意味し、葡萄酒はキリストの血を意味していました。現在でも教会のミサではキリストの肉体を意味するパンが配られたりします。

寝そべって手づかみスタイルのディナー

絵画では座って食べている様子が描かれますが、当時のユダヤ人はテーブルの周りに寝そべって食べるのが普通でした。ナイフやフォークも使いませんから、当然、手づかみです。最後の晩餐と呼ぶわりには、ゆるい感じの光景に見えたことでしょう。とはいえ、イエスは自分がもうすぐ死ぬことを知っていましたし、十二使徒たちもそれを聞いていたので、雰囲気はピリピリしていたはずです。

イエスによるサービスも！

その最後の晩餐では、イエスが使徒たちの足を洗うというサービスまで発生しました。サンダルで長旅をして汚れている足を、彼らの中でもっとも地位の高い人が洗ったのです。これは、イエスが死ぬ直前なのに権力争いをしている使徒たちに対する、謙遜であれという戒めでした。

～マタイ26章～

過越の祭

最後の晩餐が行われた日、現地で行われていた祭。これは、イスラエル人がエジプトを脱出したときの出来事を起源とする祭です。

当時、エジプト人は奴隷にしていたイスラエル人をなかなか解放しようとせず、それを怒った聖書の神から幾つもの天罰が下りました。最後のトドメとなった天罰が、「エジプトの長男皆殺し」というモノです。

地上に舞い降りた天使が通りを進み、家という家の長男を殺していきました。ただし、子羊の血を家の入り口に振りかけたイスラエル人の家だけは、見逃して通りすぎていってくれたのです。これを「過越（すぎこし）」と呼びます。

そうやってエジプトから解放してもらったことを祝う祭が、「過越の祭」です。イスラエル人は大慌てでエジプトを脱出していったため、パンにイースト菌を仕込む暇がありませんでした。そのため、過越の祭ではイースト菌の入っていない固いパンを食べるのが習慣となっています。イエスが最後の晩餐で食べたのも、この「過越の祭」用のパンです。

死の儀式

最後の晩餐って、ようするにクッキーとグレープジュースみたいなものなんですよね？
ちょっと食べてみたいですー。

なにを呑気な……。
もうすぐ死ぬってわかってるのに、食事が喉を通るわけないだろ……。

それはどうかしら。
欧米では、死刑囚に最後の晩餐としてなにを食べたいのか尋ねて、リクエストに応える制度があるのよ。

みんな、意外といろいろ好物をリクエストしてくるみたい。

命が危ないときほど生存本能が働いて食欲が湧くんじゃないかしら。

それならもうちょっと美味しそうな最後の晩餐がいいなぁ。

聖書の最後の晩餐は、１種の儀式だからね。
味は二の次なのよ。

キリストを貫いたロンギヌスの槍

最強のマジックアイテム？

ゲームなどにもよく出てくるこの槍。伝説では**「手にする者に世界を征する力を与える」**とも言われており、かのヒトラーも**ロンギヌスの槍**にはご執心だったとか。その力が本物かどうかはさておき、ロンギヌスという名前の人物は**聖書には出てきません**。ただし、その元ネタとなったエピソードは存在します。それは、キリストが処刑されたときです。

なぜキリストは処刑されたのか？

キリストは当時の宗教改革者でした。ユダヤ教を形ばかりの宗教だと批判し、しきたりを重んじる**パリサイ派**の宗教指導者たちをディスりまくっていました。

宗教が強い時代ですから、それは王様をけなすのと同じようなこと。当然の結果としてパリサイ派は激怒し、邪魔なキリストを殺すことに決めたのです。

手を汚したくない黒幕たち

ですが、民衆に大人気のキリストを殺せば、パリサイ派がリンチに遭います。そのため、パリサイ派はキリストが反逆を企てているとローマ帝国の**総督ピラト**に告げ口し、処刑してもらうことにしました。

磔刑

キリストは**ゴルゴダの丘**で磔にされます。手と足に釘を打ち込まれる壮絶な処刑でした。それを嬉しそうに眺める人々を見て、キリストは**「神よ、彼らをお赦しください。なにをしているかわかっていないのですから」**と祈ります。

死と、ロンギヌスの槍

キリストが息絶えたあと、本当に亡くなったのかどうかを調べるため、ローマの兵士がキリストの脇腹に槍を突き刺します。これが伝説の『**ロンギヌスの槍**』です。キリストの血を浴びていますから、とてつもない力を秘めていると考えられるようになったのです。

～ヨハネ18-19章～

エヴァとロンギヌスの槍

ロンギヌスの槍が出てくる作品で一番有名なのは、『新世紀エヴァンゲリオン』でしょう。
使徒を殺すことができる唯一の武器として登場しますが、キリストを殺した武器が元ネタとすれば、その能力も納得。
そもそもがエヴァンゲリオンは聖書を題材に使った作品なので、聖書にまつわる言葉が大量に出てきます。

【ピラト】ローマ帝国からエルサレムに派遣されていた総督。予知夢を見た奥さんから「その人は殺しちゃダメよ」と警告されていたのに、パリサイ派に押し負けました。
【パリサイ派】完全主義者のグループで、旧約聖書の掟を一字一句守ろうとしていました。その割には民衆への思いやりが足らず、愛を大切にするキリストとは考え方が常に激突し続けていました。

聖遺物

キリストの血を浴びてるから凄い力があるとか、安直だなー。
逆に呪われそうな感じがして怖いんだけど。

それはそうだけど、ロンギヌスの槍に限らず、キリストにまつわるアイテムは聖遺物としてありがたがられるのよね。

他にはどんな聖遺物があるんですか？

有名なのは聖骸布かしら。
磔にされて亡くなったキリストの遺体を包んだ布らしいわ。

布の表面に、うっすらとキリストの顔のような模様が浮かび上がっているとか……。

怖っ！
だからそれ明らかに呪われてるだろ！

まあ、その布が本物かどうかも賛否両論なんだけどね。

羊とヤギが意味することは？

ヤギは悪魔のシンボル？

映画やアニメなどでは、ヤギが悪魔の象徴として出てくることがよくあります。悪魔自体がヤギの姿をしていたり、悪魔崇拝者がヤギの彫像を崇拝していたりするシーンも見かけますよね。これはもちろん、聖書にとって異教であるギリシャ神話の神『パン』がヤギの姿をしていたせいというのもあるでしょう。

しかし、それを抜きにしても、聖書においてはヤギが神に反抗する存在のイメージとして登場するんです。

イエスは羊飼いだった

しばしば聖書の中で、イエスは羊飼いにたとえられます。人間を導く教師であり、指導者だからです。そして、大人しくて羊飼いの命令をしっかり聞く**羊**は**「良い人間」**の象徴、なかなか言うことを聞かない**ヤギ**は**「悪い人間」**の象徴とされます。動物園でエサやりをしたことがある方はおわかりでしょうが、羊とヤギの性格は正反対と言ってもいいほど違うんです。

スケープゴートとは？

他の人の責任を押しつけられて酷い目に遭う人のことを、『**スケープゴート**』と呼びますが、この由来も旧約聖書です。スケープゴートとは、**「生け贄のヤギ」**という意味です。

古代イスラエルにおいては、すべての国民の罪を押しつけて犠牲にされるヤギがいました。そのヤギはなにも悪いことをしていないのですが、みんなの身代わりになって罪を背負い、荒野に放たれるのです。ヤギにとっては良い迷惑ですが、まあその理不尽な感じこそ儀式が儀式たるゆえんです。

面白いことに、このスケープゴートはイエスの象徴であったとも言われています。イエスは全人類の罪を背負い、身代わりになって死ぬことで、全人類を救った——これがキリスト教の教理の根幹なのです。

つまり、**聖書におけるイエスは羊飼いであったと同時に、自分という羊を生け贄として捧げた**のである、とされています。

～マタイ25章31-46節～

なぜヒーローは一度負ける？

アメコミのヒーローやハリウッド映画のアクションスターが、必ず敵に一度負けるのはなぜでしょうか？

それは、ハリウッド映画の多くが『神話理論』という物語理論に基づいて構成されているからです。そして、神話理論において、ヒーローはそもそも羊飼いであり、その原型はイエスであるとされています。聖書は欧米の文化に大きな影響を与えているので、救世主としてのイエスがあらゆる物語に影響を与えているのは、当然といえば当然です。

イエスは一度磔にされて亡くなり、それから敵に勝利します。この構造が、ヒーローの物語にも応用されているわけです。『二十世紀少年』では、とある登場人物がそのことを言及しますが……、ネタバレになるので、映画でお確かめください。

【聖書における他の動物のイメージ】
犬はゴミや悪人の死体を食べる生き物として、馬は盛りのついた人の象徴として、豚は汚らわしい生き物として登場します。「豚に真珠」のことわざも、由来は聖書中のたとえ話です。

聖句

犬は自分の吐いた物に帰り、豚は洗われてもまた、泥の中を転がる。

急にどうした！

聖書の中の一文よ。
これを聖句と呼ぶわ。

だからなんでいきなり聖句をつぶやいた!?

いつまでも自堕落な生活をやめない人を見たら、ふと思い出したの。

よくいるわよね。
どうしようもない友だちとつるんで、ふしだらな生き方をして、そこから親や大人が救い出してあげても、また不良の中に戻っていく子供……。

むにゃむにゃ……もう食べられない……。

確かにキャスパが片づけもしないで昼寝しちゃったのはダメだと思うが、そこまでマジギレするなよな！ な!?

恐るべき獣の数字“666”

不吉な数字

『オーメン666』というハリウッド映画があります。悪魔の子によって引き起こされる様々な災いを描いたホラー映画です。この作品に限らず、基本的に**666**は悪魔の数字として使われることが多いようです。ラッキーナンバーの777から1ずつ引いた数……見た目からしても不吉な感じはしますが、この数字はどうして悪魔の数字と考えられるようになったのでしょうか？

初出は黙示録

それは、聖書最後の預言書である**黙示録**に出てきます。黙示録では、十二使徒の**最後の生き残り・ヨハネ**が神に幻を見せられます。

その幻の中で、1匹の**獣**が現れます。子羊のような角が2つあり、言葉を喋る獣です。龍（＝聖書における悪魔の象徴）は獣に息を吹き込んで命を与え、その獣を拝まない人間を皆殺しにします。

また、あらゆる人間の右の手の平もしくは額に刻印を押し、刻印のない者は物を買うことも売ることもできないようにします。

刻印は獣の名前であり、666という数字であるとされています。

天使が怒りの鉢を血に傾けると、そこから中身が流れ落ちます。すると、獣の刻印を持つ人々や、獣の像を拝む人々の体に腫瘍ができてしまいます。

別の天使が鉢をユーフラテス川に傾けると、川の水が涸れます。獣、龍、そして偽預言者の口からは、3つの悪霊が出てきます。

まるでファンタジー映画を観ているような光景ですが、これが666という数字の元ネタなのです。

この数字が好きな人たちも

欧米の人たちからは忌み数字であるとされ、日本における「4」のように避けられる「666」ですが、この数字が好きな方たちもいます。それは、悪魔崇拝者やヘヴィメタル（特にブラックメタル）関係者の方々です。

その方たちにとって、666という数字は悪魔を象徴する大事な数字なのです。

～黙示録 13 章～

なぜ龍は悪魔なのか？

龍――すなわちドラゴンは、聖書の中では悪魔であるとされています。日本や中国では竜神と呼ばれ、神聖な存在なのに、なぜ聖書では悪役なのでしょうか？

その理由は、そもそも聖書では他の宗教の神が悪魔として扱われるから、という点が大きいでしょう。一神教の神話では、創造神以外の神は悪魔と考えられてしまうのです。

また、エデンの園でイブをそそのかして知恵の実を食べさせ、神への反逆という大罪を犯させたのは蛇でした。その蛇がいつの間にかドラゴンに巨大化してしまったのは不思議ですが、創世記から黙示録までは何千年も開きがあります。長いあいだにはそういうこともあるのでしょう。

しかし、興味深いことに、蛇は良いイメージでも登場します。古代イスラエル人が炎の蛇に噛まれて死にかけたとき、『青銅の蛇（ネフシュタン）』という彫像を見上げれば生き延びられたのです。

この『青銅の蛇』は悪魔の象徴ではなく、モーセが神に命じられて作ったものでした。

ネフシュタン

青銅の蛇って、アスクレピオスの杖に似てるよな。
どっちも棒の先に蛇がついてるし。

アスクレピオスの杖ってなんですかー？

古代ギリシャの名医アスクレピオスが持っていた杖よ。
WHO のマークにもなってるわね。

どちらも治療にまつわる蛇だし、無関係とは言えないでしょうね。

ネフシュタンも、アスクレピオスの杖も、いいなー、すごいなー。
これがあったら治癒魔法の効果がもっと上がりそうな気がします！

いつもバルタが無茶するせいで、回復役のキャスパは大変だものね。

それはその……か、感謝してる。

第二部

メロドラマの世界へようこそ

聖書は真面目で堅苦しい本……？
いえいえ、決してそんなことはありません。その中には、兄弟の争い、女の闘い、レイプや不倫など、ドロドロでグチャグチャなメロドラマみたいなエピソードがたくさん蠢いているんです。
さあ、この章では、聖書の意外な暗黒面を覗いてみましょう。

優しい弟を殺す兄

最初の兄弟

エデンの園を追放されたアダムとイブは、エデンとは大違いの不毛な土地で暮らさなければなりませんでした。ですが、なんとかかんとか生計を立て、子供を２人作ります。**長男**の**カイン**、**次男**の**アベル**です。

これが地球初めての夫婦から生まれた、地球初めての兄弟でした。

いさかいの始まり

カインは野菜などを育てる農夫になり、アベルは羊飼いになります。２人は自分が生産した物の中から神に捧げ物をします。カインは野菜を捧げ、アベルは羊を捧げます。罪を犯した存在である人間は動物の生け贄を捧げなければいけない、というのが聖書の考え方ですから、神はカインの捧げ物を喜びませんでした。

兄のカインは弟ばかり評価されたことに怒り、殺意を育てていきます。そんなカインに、神は怒りを抑えるようにと注意します。

悲劇

しかし、あるときカインは弟のアベルを誘って野に行きます。そして、周りに誰もいないときに弟に襲いかかり、殺してしまったのです。

神はカインに**「弟はどこにいるのか？」**と尋ねます。カインは**「私は弟の見張り番じゃないから知りませんよ」**としらばっくれます。もちろんそんな言い訳は通用せず、カインは世界初の殺人犯の汚名を負うことになります。

犯人の処遇

カインはその土地から追放され、放浪者になります。彼は、自分が誰かの復讐によって殺されることを恐れました。それを聞いた神はカインに印を与え、カインを殺した者は７倍の復讐を受けるようにする、と約束します。

カインはのちに結婚し、子供まで作ります。アダムとイブから生まれた者以外に女性はいないはずですから、カインは実の妹と結婚したと考えられます。

カイン・コンプレックス

ユングの心理学に出てくるコンプレックスの1つ。兄弟の片方ばかりが優遇されて育ったときに生じる、優れた兄弟への憎しみなどの感情です。自分の成績が悪いのに、兄の成績が良くて親からひいきされていたら、誰しも面白い気分にはならないでしょう。名作野球漫画『タッチ』では、鬼監督がその兄に対してコンプレックスを抱いていました。アニメ『スタミュ』では、月皇海斗が優秀な兄にコンプレックスを持っています。様々な作品における兄弟の葛藤は、カインとアベルのエピソードに源を発していると言えるでしょう。

【海彦と山彦】 日本神話の古事記にも、カインとアベルのような兄弟が出てきます。山彦は山の民、海彦は海の民を表していると言われますが、これもやはり兄弟の確執の物語です。興味深いことに、世界中の神話には共通しているものが数多く存在し、洪水神話や兄弟の確執神話もその一部です。ちなみに、『浦島太郎』は海彦と山彦のエピソードを元ネタにしています。

ケンカするほど

弟のこと嫌いだからって、殺しちゃうなんてひどすぎます……。

神話や昔話ってそういう話が多いわよね。
聖書でも、ダビデ王の後継者争いで揉めて、兄弟で殺し合いがあったし。

それだけ昔から兄弟の争いは日常茶飯事だったってことね。
近くにいる存在ほど、憎しみも大きくなるものだし。

え、え……じゃあ、２人ともわたしのこと嫌いなんですか!?

いやいや、そんなことはないぞ!?

じゃあ、好きですか……？

す、好き……だが……。

顔が真っ赤になってるわよ、バルタ？

妹と結婚したアブラハム

偉大な父祖

アブラハムは旧約聖書に出てくる古代イスラエル人、および周辺民族のご先祖様です。ユダヤ教やキリスト教を含む**『アブラハムの宗教』**の大元であり、その宗教を信じる人は世界中に30億人以上。つまり世界の半分の人間はアブラハムの宗教の信者というわけです。

妹との結婚

この偉大な父祖ですが、実は彼の父親は妻の父親と同じくテラです。アブラハムは**異母妹のサラ**と結婚したことになります。

今の日本だと、兄妹の恋愛はライトノベルや少女漫画の題材にこそなれ、かなりのスキャンダルですよね。しかし、古代は倫理観がまったく異なりますから、兄妹での結婚くらいは普通のことでした。

妹萌えの紳士にとっては理想の時代と言えるでしょう。

ロトとの決別

アブラハムは神からカナンという土地を与えられると約束を受け、カナンに向かって旅を始めました。旅には甥のロトも同行していました。

しかし、アブラハムの一族とロトの一族のあいだには、度々いさかいが生じていきます。どちらの一族も財産や家畜が増えすぎてしまったせいで一緒に暮らしづらくなり、使用人のあいだで喧嘩が起きていたのです。アブラハムはロトに好きな土地を選ばせ、自分たちは逆の方向へ進むことにします。

神との値切り合戦

別れてしまった2人ですが、アブラハムはロトのことを嫌いになってはいませんでした。のちに神がソドムとゴモラの町を滅ぼそうとしたとき、アブラハムはロトの住んでいる町を滅ぼさないよう神に懇願します。最初は**「善人がその町に50人いたら滅ぼさないでください」**と頼んでいましたが、どんどん人数を減らしていき、**「10人いたら滅ぼさない」**という約束まで取りつけました。

～創世記 12章-13章～

族長の時代

アブラハム、その息子イサク、孫ヤコブ、その子供たちくらいまでの時代を、族長時代と呼びます。一族の長であるリーダーが存在し、妻や子供たちがいて、召使いがたくさんいる、という父権が非常に強い時代です。当時は一夫多妻が当たり前でしたから、妻は複数いるのが普通でした。族長時代からだいぶあとになりますが、たとえばイスラエル王国のソロモン王には700人の妻と300人の妾がいたと言われています。ハーレムラブコメも真っ青ですね。

【エイブラハム・リンカーン】 第16代アメリカ合衆国大統領。皆さんご存じ、おひげのチャーミングな男性です。リンカーンの名前ですが、もちろん聖書のアブラハムに由来しています。欧米では子供の名前に聖書中の人物の名前をつけるのが一般的です。また、日本と違って名前のバリエーションが少なく、どこを見ても聖書由来の人名ばかりです。マイケルは、聖書の大天使ミカエルの英語読み。ミシェル、ミヒャエル、ミハエルとも読みます。

平和の秘訣

約束の地か……ここ最近ずっと戦争ばっかあってるとこだよな……。

アブラハムにとっては希望の地だったでしょうけど、今となっては頭が痛いわよね。
戦いの火種はこの時代にまかれていたってところかしら。

どうしてみんな仲良く暮らせないんでしょうか？
譲り合えば戦争なんてしないで済むのに。

それができたら信号もいらないだろ。
みんな譲り合うのが下手くそだから、いつまでも争いはなくならないんだ。

悲しいです～。
わたしはこの前、知らない男の人に道端で「お兄ちゃんって呼んでください！」って頼まれましたけど、快く承諾しましたよ！

それは承諾しちゃダメだ!!

妾をいびる正妻サラ

不妊のサラ

神はアブラハムに、**「私はあなたの子孫を殖やし、大いなる国民にする。そして広大な土地を与える」**と約束していましたが、アブラハムには80歳を過ぎても子供がいませんでした。サラは子供を産めない体だったのです。

夫や一族のために悩んだサラは、アブラハムに妾を迎えるよう勧めます。サラは自分の奴隷であるエジプト人のハガルをアブラハムに妾として提供します。

正妻と妾の戦争

若くて生命力が高かったのか、ハガルはアブラハムと寝るとすぐに妊娠します。そして、正妻であり自分の主人であるサラのことを軽蔑するようになります。**「自分は族長の子供を産めるけど、あなたは産めませんよね？」**というわけです。女の闘いの勃発です。

サラはアブラハムにハガルの文句を言い、アブラハムは**「ハガルのことは自由にしなさい」**と答えます。サラが自由にハガルをいじめるようになったので、ハガルは堪えられずに家を飛び出します。

ハガルへの約束

荒野の泉のほとりまで逃げたハガルの前に、天使が降臨します。天使は**「帰って女主人のサラに謝りなさい。あなたの子孫もたくさん殖やしてあげるから」**と約束します。ハガルはそれを喜び、アブラハムやサラのところへ戻って息子イシュマエルを産みます。

2度目の追放

なんとサラは90歳で息子イサクを産むことに成功します。そのイサクをイシュマエルがいじめているのを見たサラは、アブラハムにハガルとイシュマエルを追い出すよう頼みます。

ハガルとイシュマエルは再び路頭に迷いますが、天使に助けられて荒野で井戸を見つけ、その子孫は強大な国民へと育っていきます。

～創世記 16章、21章～

サラは残酷な正妻なのか？

2度も妾を追い出すなんてサラは残酷な奥さんだ……という印象を受けるかもしれません。

しかし、古代の後継者争いは熾烈なものでした。もしイシュマエルが家に居続けたら、いつかイサクと殺し合いになっていたかもしれません。サラの死後、アブラハムは後妻ケトラの子供たちも一族から去らせましたが、これも余計な争いを避けるためと考えればうなずけます。

結局、アブラハムの妾や後妻の子孫はアラビア地方の様々な民族となって殖え広がりましたから、決して悪い運命ではなかったと言えるでしょう。

【絶倫の奇跡】サラが息子を産んだのは90歳のとき。既に老婆で「まさか自分が子供におっぱいをあげるとは」と笑うほどでした。アブラハムが後妻ケトラに子供を産ませたのは140歳以降。とんでもない絶倫ですよね。でもこれは、神がアブラハムに「あなたの子孫を膨大に殖やす」と約束したからこその奇跡です。精力絶倫な主人公とは、まるでゲームの世界ですね。

家の価値

ふえええ～、昔から女の闘いってあるんですね～。
わたしには縁のない世界ですけど、怖いです～。

古代はなによりも子孫を殖やすことが大事だと思われていたし、子供が産めないのは女性にとって一番つらいことだったのよね。

日本でも昔は女性が不妊だと、それだけの理由で離婚されたこともあったみたいだし。

サラは焦っただろうな……。いくら自分が勧めたとしても、奴隷に先を越されるなんてさ。

現代では不思議な感覚でしょうね。
子供を作らない夫婦もいるし、同性を好きになっても許されるし。

もちろん私は女同士の恋愛に偏見はないわよ？
安心して？

なんで私を見ながら言うんだっ!?

王様に妻をNTRされかける父子

アブラハム vs ファラオ

約束の地カナンに到着したアブラハムは、ネゲブへと旅を続けますが、そこで飢饉に遭います。飢饉から逃れるため、アブラハムは一族を連れてエジプトに向かいます。さて、そのときのサラは少なくとも65歳以上のおばあさんでしたが、まだまだとても美人でした。

エジプトのファラオがアブラハムを殺してサラを奪うのではないか……と恐れたアブラハムは、サラを妹だと偽ります。すると、ファラオはサラを召し抱え、アブラハムにたくさんの家畜や奴隷を授けます。

ですが、アブラハムの妻を奪ったことで天罰が下り、ファラオはサラの正体に気付きます。そしてサラをアブラハムに返し、エジプトから出て行かせます。

アブラハム vs アビメレク

アブラハムはゲラルに向かい、そこでもサラのことを妹だと偽ります。ゲラルの王アビメレクはサラに一目惚れして召し抱えます。そのせいで天罰が下り、アビメレクの関係者が一切子供を産まなくなります。

夢の中に神が現れ、**「あなたはアブラハムの妻を奪ったので死ななければならない」**と告げます。アビメレクは**「いやそれは理不尽ですよね!? 私なにも知りませんでしたよね!?」**と主張。アブラハムにサラを返して慰謝料まで払うことで事なきを得ます。

イサク vs アビメレク

血は争えないと言うべきか、アブラハムとサラのあいだに生まれた息子イサクも同じことをやってしまいます。ゲラルに住んでいるとき、妻リベカを妹だと偽ったのです。美しい妻を欲しがった地元民に殺されるのを恐れたのです。

ゲラルの王アビメレク（アブラハムのときの王の後継者）は宮殿の窓から見下ろしていたとき、イサクが妻リベカを愛撫しているのを目撃します。2人が夫婦だと気付いたアビメレクは、**「うちの国民があなたの妻と寝て天罰が下ったらどうするんだ！」**とイサクに怒り、国民にはリベカに手を出すなと命じます。

～創世記 12章、20章、26章～

昔の人は長寿!?

サラはその容姿でゲラルの王アビメレクに見初められたとき、少なくとも90歳でした。アビメレクは老婆が好きな特殊な性癖だったのでしょうか。アビメレクの名誉のためにも明言しておきますが、それは違います。旧約聖書の初期における人間はとても長生きで、なかなか年を取らなかったのです。実際、サラは127歳まで生き、アブラハムは175歳まで生きたと記されています。

これはまだまだ序の口で、たとえばアダムは享年930歳です。大洪水のノアは享年950歳。人類最長寿のメトセラは969年生きたとされています。神話の時代の人たちって、生命力に溢れていますね。とはいえ、エデンの園にいた頃のアダムは不老不死だったので、1000歳以下で死んでしまうのは悲しいことだったでしょう。

【カナン】アブラハム、その子イサク、孫のヤコブの子孫に神が与えると告げた土地。『約束の地』とも呼ばれています。荒野とは比べ物にならないほど水と生産力に満ち、『乳と蜜の流れる地』と表現されました。

野蛮な時代

これさ……悪いのはアブラハムとイサクじゃね？ ファラオとアビメレクは被害者じゃね!?

まあ、アブラハム父子の行動も仕方ないことではあるのよ。
当時の王様って横暴だったから、自分が欲しいモノのためなら手段を選ばなかったからね。

男を殺して女を奪うくらいは日常茶飯事だったの。

うう～、とんでもない時代ですね……。
「昔は良かった」って愚痴るおじいさんとか嘘つきじゃないですかー。

いやそれは昔すぎだから。
その愚痴はようするに子供時代を懐かしんでるだけだから。

アビメレクもファラオもまともな王様で良かったわよね。
結局、サラにはなにもしなかったみたいだしね。

姉妹を丸ごと嫁にしたヤコブ

ヤコブの婚活

イサクの妻リベカは、**「長男エサウの嫁たちのせいで生きているのが嫌になりました」**と夫に愚痴ります。エサウの嫁たちは異教の神々を礼拝する地元民だったのです。イサクは次男のヤコブに一族から嫁を迎えるよう命じます。

ヤコブは母親リベカの兄ラバンの家へ旅し、ラバンの娘２人に出会います。姉のレアは目力がありませんでしたが、妹のラケルは美女でした。ヤコブはラケルに惚れ、**「７年タダ働きしたらラケルを嫁にください」**とラバンに頼みます。

衝撃の新婚初夜

ラケルのことを大好きだったヤコブにとって、７年は一瞬でした。期間を満了したヤコブはラバンに結婚パーティを開いてもらいます。

その夜、ヤコブはドキドキしながら寝室に入り、新婦と一夜を過ごします。

翌朝……起きてみると。一緒に寝ていた相手はなんと、不細工なほうのレアでした。衝撃です。相手が違います。返品不能です。これは姉のレアを行き遅れにしたくない父親ラバンの計略でした。

ヤコブはラバンに食ってかかり、さらに７年タダ働きをすることで、やっと念願のラケルを手に入れます。姉妹が丸ごと嫁になったのです。

姉妹バトル

レアは見た目がいまいちだったうえ、ラバンとぐるになってヤコブと無理やり結婚したようなものだったので、妹のラケルほど夫に愛されませんでした。神はそんなレアを可哀想に思い、子宝には恵まれるようにしてやります。

一方、ラケルは子どもを産むことができず、姉に激しく嫉妬します。**「早く子供をください。じゃないと死んじゃいますから！」**とヤコブにせがみ、無茶言うなと怒られます。仕方なくラケルは自分の女奴隷ビルハをヤコブに提供し、代わりに子供を授けてもらいます。姉のレアも妹に対抗して女奴隷ジルパをヤコブに与え、代わりに子供を産ませます。ラケルいわく、その子作り合戦は**「姉との死に物狂いの争い」**でした。

～創世記27章-31章～

姉妹の名前

妹ラケルの名前の意味は、「雌羊」です。いかにも可愛い感じのイメージですよね。ヤコブからはきっと「可愛い雌羊ちゃん」などと呼ばれて愛されていたのでしょう。

一方、姉のレアの名前は、「野生の雌牛」という意味。だいぶひどいです。女性に対して牛呼ばわりです。ラバンお父さんはレアの誕生時に一考すべきだったのではないでしょうか。

とはいえ、レアはヤコブに6人の息子を残しましたが、ラケルは2人しか残せませんでした。子作り合戦は姉の完全勝利だったわけです。

ちなみに、ヤコブは4人の妻とのあいだに12人の息子を作りました。ハーレムエンドです。誰か1人のヒロインを選ばないといけない、なんて制約はなかったのです。この12人の息子が、古代イスラエルの12部族の父祖となります。ダビデ王や救世主イエスはレアの息子であるユダの部族出身でしたから、そういった意味でもレアは妹に勝利しました。ヤコブが死の直前に自分を埋葬するよう希望したのも、ラケルではなくレアの眠っているマクペラの洞窟でした。

顔は良くても

ちょっとラケルが可哀想な感じもするな。

でもラケルって、性格に難ありだったのよ。

ヤコブがラバン叔父さんのところで財産を殖やしすぎて妬まれるようになって、そこを逃げ出したことがあったのね。

そのとき、ラケルはラバンが持ってた彫像を泥棒してきちゃったの。

泥棒!?

そのせいでラバンさんが追いかけてきて家捜しをしたんだけど、ラケルは彫像の上に座って隠してたの。

そこをどいて見せてくれとお父さんに言われたら「女の子の日だから立てないんです」と嘘をついて騙し通したのよ。

ひどい奴だな!?

息子の嫁と寝た男ユダ

不運な女性タマル

ヤコブの息子**ユダ**――のちにイスラエル王国の王や救世主イエスの祖先となる男性――には、**エル**という長男がいました。エルは**タマル**という女性と結婚しますが、悪いことをしたせいで神に殺されてしまいます。

ヤコブはタマルに次男オナンをあてがい、オナンに兄の後継者を作るよう命じます。これは**レビレート婚**という制度です。オナンは兄の後継者なんて作りたくなかったので子作りをせず、神の怒りを買って殺されてしまいます。

ショタの成長を待つ

次にレビレート婚をさせるなら三男のシェラの役目なのですが、シェラはまだ未成年でした。ヤコブは息子を全員死なせてしまうのが怖かったので、タマルには**「シェラが育つまで待っていてくれ」**と言いつつ、シェラが成人してもタマルに渡そうとしません。

遊女に身を堕とす

このままではタマルは子孫を残せませんし、夫の後継者は作れません。

悩んだタマルは、顔を隠して売春婦のふりをし、ユダに声をかけられてセックスします。報酬の子ヤギを送ってもらうまでのあいだ、証拠としてユダのハンコを預かります。タマルは義父の子種によって妊娠します。

タマルの逆襲

その後、タマルが売春婦の真似事をして妊娠までしていることが噂になります。嫁のふしだらさに激怒したユダは（自分は売春婦を買っていたのに！）タマルを焼き殺せと叫びます。

タマルはユダのハンコを差し出し、自分がユダによって妊娠させられたことを証明します。逆襲、大成功です。

ユダは息子をタマルに渡していなかった自分が悪かったと謝り、タマルは正しいことをしたのだと認めます。

～創世記 38 章～

オナニーの語源

自慰を表す『オナニー』の語源は、このエピソードに出てくるユダの次男オナンです。しかし、オナンは決して自慰をしたせいで天罰を受けたわけではありませんでした。

一応、義姉であるタマルの寝室に入ってセックスはしたのですが、兄の後継者を作りたくなかったので、膣外射精をしていたのです。これは自慰というより、むしろ避妊でした。

【売春婦】 古代イスラエルでは、売春婦とは生きていてはいけないほどの汚らわしい存在でした。古代イスラエルの法律において、結婚していない男女のセックスは重罪だからです。発見されれば死刑になることさえありました。

しかし、このエピソードのユダはなんの罰も受けていません。なぜかといえば、これはまだイスラエル人に神から法律が与えられる前の出来事だからです。そのため、創世記の登場人物は結構適当なことをいろいろしていたりします。ヤコブの長男ルベンはヤコブの妾を寝取って長男の相続権を剥奪されました。

溢れ出るエロス

これは……なんていうか……壮絶だな……。

はわわわわ……。

２人とも、顔が真っ赤になってるわね。

なんでメルは平然としてるんだよ！
やっぱりあれか！
経験者の余裕という奴か！

失礼ね。私をなんだと思っているのよ。

こういう性的なエピソードも赤裸々に書かれちゃっているのも、聖書の面白いところよね。

日本神話はもう少しオブラートに包んであるよな……？

日本人は控えめな民族だしね。ギリシャ神話になるともっとドロドロしていて、しょっちゅう神々に人間がレイプされているわ。

人妻に誘惑されたヨセフ

夢見るヨセフ

ヤコブとラケルのあいだにようやく生まれた息子**ヨセフ**。彼は17歳のとき、とある予知夢を見ました。それは、太陽と月と11の星がヨセフを拝むという夢。ヨセフの兄弟は11人ですから、この夢は両親と兄弟たちがヨセフを拝むことを表しています。そして、ヨセフは夢の内容を兄弟たちに話してしまいます。

兄弟たちの憎悪

兄弟たちは激怒し、ヨセフを憎みます。元々、ヨセフはヤコブのもっとも愛する妻ラケルの息子でしたから、父親からもっとも愛され、特製の服までプレゼントされていました。ひいきされる兄弟が憎まれるのは、カインの時代からの伝統です。

奴隷へ

あるとき、兄弟たちが羊飼いの仕事をしていると、ヨセフがヤコブの命令で視察にきます。兄弟たちはこのチャンスにヨセフを殺そうと話し合います。

すると、長男のルベンが**「ヨセフを穴に放り込んでおくだけにしておこう。手を汚すのは良くない」**と言います。あとでこっそりヨセフを穴から回収して救出するつもりだったのです。

しかし、他の兄弟たちはルベンがいないあいだにヨセフを奴隷商人に売り飛ばしてしまいます。そしてヨセフの服をヤギの血で染めて父親に差し出し、あなたの息子は野獣に殺されましたと報告したのです。

女主人の誘惑

ヨセフはエジプトに連れて行かれ、ファラオの侍従長ポティファルの家に売られます。ヨセフが美青年だったので、ポティファルの妻はヨセフに何度もセックスを迫ります。ついにヨセフの服を掴んで**「私と寝なさい！」**と要求しますが、ヨセフは服を残して逃げ出します。

ポティファルの妻は屈辱と怒りに燃え、夫に**「ヨセフが私をレイプしようとしました」**と訴えます。ポティファルは怒り狂ってヨセフを監獄に叩き込みます。

～創世記37章、39章～

奴隷

聖書には奴隷制度が度々出てきます。エジプトではイスラエル人が奴隷でしたし、のちのイスラエル王国でも他民族を奴隷に使っていました。また、新約聖書の時代になっても、依然として奴隷制度は存在していましたし、キリストは奴隷制度を批判することはありませんでした。

なぜかというと、当時のイスラエルの奴隷制度は、アメリカにおける黒人奴隷とはだいぶ性質が違ったからです。同じイスラエル人を奴隷として買うこともありましたし、その奴隷は6年働けば自由になることができました。主人が奴隷を叩いて殺してしまった場合、主人は死刑にされました。奴隷はただの所有物ではなく、きちんと人権もあったのです。

【性の倫理観】 十戒などの法律が制定されたあとの古代イスラエルでは、夫婦の営み以外のセックスは重罪でした。特に不倫は厳しく罰せられ、男女共に死刑。未婚者同士のセックスは、結婚すれば許されることもありました。レイプされたのに大声で助けを求めなかった場合、和姦とみなされ女性も死刑になりました。

貴種流離譚

ヨセフさんってすごいですねー。
お父さんから一番愛されてて、お金持ちの奥方さんからも一目惚れされて。
モテモテじゃないですか！

そりゃ周りから妬まれるよって感じだな。
トラブル多すぎだろ！

こういう話を、貴種流離譚っていうのよね。

きしゅりゅーりたん？

貴種流離譚。
高貴な生まれの人が苦労をしながらさまよって、最後には成功するって話よ。

イエスの受難とか、モーセの半生とか、聖書には貴種流離譚がとっても多いわ。

そういう話は燃えるしなー。
『スター・ウォーズ』とか、まさに貴種流離譚だよな。

花嫁が集団レイプされる

発端は痴話喧嘩

イスラエルにまだ王がいなかった時代、レビ族の男性が妾を迎えました。しかし、妾は男性のことが嫌になり、ベツレヘムの実家に帰ってしまいました。

男性は仲直りするため妾を追いかけ、ベツレヘムに向かいます。話し合って妾と和解すると、実家を出発。ベニヤミン部族のギブアという町に泊まります。

悪夢の夜

男性がギブアの広場で野宿しようとすると、親切な老人が声をかけてきて、外は物騒だからうちに泊まりなさいと言ってくれます。厚意に甘えてお世話になることにした男性と妾。しかし、そこで悲劇が起こるのです。

町中から悪い男たちが集まってきて家を取り囲み、男性とセックスさせろと叫び始めます。老人は自分の処女の娘と男性の妾を差し出すから許してくれと頼みます。ソドムとゴモラそっくりです。

悪い男たちは男性の妾を寄ってたかって一晩中レイプし、ボロボロになるまで痛めつけます。明け方、解放された妾は玄関の外で倒れます。男性が妾に「出発しよう」と言いますが、妾は答えません。死んでいたのです。

復讐戦争

男性は自宅に帰ると、妾の死体を12に切り分けてイスラエルの12部族に送ります。イスラエル人たちは怒ってギブアの住民を滅ぼそうとしますが、ベニヤミンの部族はギブアをかばい、同国人たちと戦います。

絶滅の危機と、もう1つの復讐

他の11部族からこてんぱんにされたベニヤミン族は人口が600人まで減り、女性は皆殺しにされます。このままでは国から1つの部族が消滅すると恐れたイスラエル人たちは、戦争に協力しなかったヤベシュ・ギルアデの住民を虐殺します。そして、ヤベシュの処女400人をベニヤミン族にあてがいます。ベニヤミン族は踊っている処女たちを誘拐して嫁にし、一族を再建しました。

～士師記 19章-21章～

聖絶

旧約聖書には、イスラエル人が敵国人や罪を犯した同国人を殲滅するエピソードがしばしば登場します。この内紛でも、イスラエル人たちはベニヤミン族の町に火を放ち、住民だけでなく家畜も虐殺しました。戦争とは敵から資源を奪う戦いのはず。将来の復讐を避けるため住民を殲滅するのはまだ合理的ですが、家畜まで殺すのは愚行といえます。

でもこの行為は、ある種の儀式であり、殺すことで住民や家畜を生け贄として神に捧げているのです。『聖絶』と呼ばれることもあります。儀式ですから手加減は許されません。なかには征服した町から財産を略奪したイスラエル人もいましたが、それは聖絶を正しく行っていないとして、厳しい罰を言い渡されました。

【聖戦（ジハード）】 経済的価値だけではなく、宗教的な意味合いも持った戦争。イスラエルがカナンで行った戦争や、十字軍戦争なども含まれます。日本の小説『女たちのジハード』は直木賞を受賞し、テレビドラマにもなりました。

古代の法制度

花嫁の死体を12個に切断して国中に送りつけるとか……サイコパスかよ！

それくらい男性は追い詰められていたし、なんとかみんなに自分の怒りと悲しみを知って欲しかったんでしょうね。

なんでこんな事件が起きたんでしょうかー。
おまわりさんは呼べなかったんですかー？

警察組織はなかったのよ。自分で自分の身を守るしかなかったし、殺人犯を死刑にしてくれる機関もなかったし。

ええっ⁉
じゃあ、どうするんですか⁉

自分でやるしかないわね。
殺人の被害者の家族には、殺人犯に復讐する権利があったから。

壮絶だな！

王様が人妻をNTRして夫を殺す話

善人の出来心

古代イスラエルの２代目国王となったのは、**ダビデ**という男性でした。

神から非常に愛され、救世主イエスの先祖となる名誉をもらったほどの善人です。王になるまでなにも悪いことをした記録がなかった完璧超人でしたが、あるとき出来心に負けてしまいました。

それは夕暮れ時。王宮の屋上を歩いていたダビデは、人の家で若い女性が水浴びをしているのを見かけます。夕日に照らされた裸体は、よほど美しかったのでしょう。ダビデは女性が**バテ・シェバ**という名前であることを突き止めると、彼女を王宮に呼んで味見してしまいます。

姑息な証拠隠滅

事後に我に返ったのか、元が善人のダビデは大慌てで証拠隠滅を始めます。その頃、バテ・シェバの夫**ウリヤ**は軍隊と一緒に寝泊まりしていました。

ダビデはウリヤを呼び、自宅でバテ・シェバとのんびり夜を過ごすように勧めます。そうすれば子供が産まれてもウリヤの子ということにしておけるからです。

しかし、当時は戦争中。真面目なウリヤは自分だけ妻のところに戻ろうとはしません。それが災いしました。

賢王の暴走

切羽詰まったダビデは、軍の指揮官に命じ、ウリヤを戦争の最前線に出させます。その上、ウリヤだけを残して全軍に後退させるようにします。結果、ウリヤは戦死し、未亡人となったバテ・シェバをダビデは自分の妻とします。

天罰

ダビデの悪事は預言者**ナタン**に即バレします。**「もし美女が欲しければ神はいくらでもあなたに与えたのに、なぜ貧しい人からたった１人の妻を奪ったのか！」**とナタンはダビデを非難。罰としてダビデ王家に争いが起きると預言します。そして、不倫で生まれた子供は天罰で病死してしまいます。

～サムエル記下11章-12章～

ダビデ王

ダビデ王の前任者、イスラエルの初代国王サウルは、高身長のイケメンナルシストでした。プライドが高く、自分が一番大切にされるべきだと思い込んでいました。

一方、ダビデは初登場時、可愛い系の少年として出てきます。英雄なので力は強いのが当たり前なのですが、無邪気で陽気な性格です。契約の箱がエルサレムに到着したときは、嬉しさのあまり外で踊り狂いました。ダビデの第1夫人ミカル（サウルの娘）はお姫様育ちだったので、踊るダビデを「バッカじゃないの？」と思いました。そのせいで天罰が下り、一生子供ができませんでした。

【ダビデの星】日本では六芒星と呼ばれる、角が6カ所ある星マーク。イスラエルの国旗にも使われています。魔法陣など、ファンタジーモノのゲームやアニメでよく出てくるので、ご存じの方は多いでしょう。

【バテ・シェバ】最初は不倫関係でしたが、ダビデの後継者ソロモン王の母親となります。ソロモン王の子孫からは、救世主イエスも生まれました。

罪の報い

ぜんぜん善人じゃないですよね!?

不倫に証拠隠滅に計画殺人……とんでもないことしてるよな。

なんでダビデが天罰で殺されなかったのかよくわからないぞ。

その代わり、死ぬよりつらい目に遭ってるけどね。
このあと、家族の中のゴタゴタでダビデは地獄を味わったの。

妻の不倫とか、反抗期の子供に手を焼くとか、そのくらいだろ？

ううん、ダビデの子供たち同士の殺し合いよ。

地獄すぎるだろ！

だからまあ、ダビデに充分罰は下ったし、死んだほうがマシだったとも思ったでしょうね。

王子が母親をレイプする

妹に恋した兄

ダビデ王の長男**アムノン**は、異母妹のお姫様**タマル**に恋をします。といってもそれは、タマルの美しい外見に惚れただけだったようです。とにかくアムノンは妹とセックスをしたくてたまらなくなり、そのせいでやつれていきます。

ヨナダブという悪賢い友達のアドバイスにより、アムノンは仮病で寝込んだふりをし、タマルに看病を頼みます。タマルがアムノンの寝室に入り、病人食を食べさせてくれようとしたとき、アムノンは妹を押し倒します。妹のタマルは**「お兄様、いけません」**と抵抗しますが、力ずくで犯されてしまいます。

ガチの兄弟ゲンカ

アムノンは性欲を解消すると妹のことが気持ち悪くなり、部屋から追い出します。異母兄に処女を奪われたうえ冷たくされたタマルは、泣きながら歩きます。

タマルの兄**アブサロム**は、異母兄アムノンのことで激怒します。彼はパーティを開いて兄弟たちを招待するや、部下たちにアムノンを殺させます。殺人犯になってしまったアブサロムは、ゲシュルの王様のところへ亡命します。

クーデター

3 年後、イスラエルに戻って父親のダビデ王と和解したアブサロムでしたが、既に父親への愛情は冷めていました。妹タマルのためアムノンを裁かなかった父親を恨んでいたのかもしれません。アブサロムは、今度は王位の略奪を企みます。4年かけてイスラエル国民の人心を掌握するや、クーデターを起こします。

公衆の面前で義母をレイプ

ダビデ王が王都エルサレムから逃げ出したあとには、ダビデ王の妾が 10 人残されていました。つまり、アブサロム王子にとっては義母です。

アブサロムは宮殿の屋上にテントを張ると、全国民にわかるように堂々と義母たちを犯し始めます。これは、ダビデがウリヤからバテ・シェバを奪って犯したあとに預言者ナタンから予告された天罰の通りでした。

～サムエル記下13章-19章～

王子の最期

イスラエル国民の多くを味方につけたアブサロム王子でしたが、その天下は長くは続きません。すぐにダビデの家来たちが巻き返し、アブサロムの軍勢を打ち倒していきます。

アブサロムは妹タマルと同じく美しい王子様で、しかもロン毛でした。ダビデ王の部下との戦闘中、ロン毛が木に引っかかってしまい、アブサロムは宙づりになります。ダビデ王がアブサロムを殺すなと前もって命じていたので、部下たちはアブサロムに手を出すのをためらいます。しかし、指揮官のヨアブはさっさとアブサロムの心臓に槍を突き刺して仕留めます。ヨアブの部下10人も寄ってたかってアブサロムに襲いかかり、完全にトドメを刺します。

アブサロムの戦死を知ったダビデ王は、大声で泣き叫びます。ダビデ王はとかく情にもろく、理性的になりきれないタイプでした。指揮官ヨアブから「あなたが泣いていたら、頑張って戦った民たちはどう思いますか？」と言われ、ようやく泣くのをやめて王としての仕事を再開します。

美しさは罪？

うう……なんで家族仲良くできなかったんでしょうか～？

一番の原因は、ダビデ王が人妻を寝取って神に呪われたせいだろうけど……美しさもいけなかったのかもね。

美しさ？

ええ。アブサロムはゲシュルのお姫様の息子だったの。妹のタマルは美人だったし、娘も美少女だったわ。

もしタマルが不細工だったらアムノンは妹をレイプしなかっただろうし、アブサロムが不細工だったらカリスマになってクーデターは起こせなかったかもしれない。

そして人妻が不細工だったら、ダビデ王が寝取ることもなかったんだよな……。

悪女イゼベルの大活躍

血の王女

イゼベルは北イスラエル王国第７代国王アハブの王妃にして、シドン王エトバアルの娘でした。いかにも王女様らしくわがまま放題に育ったイゼベルは、イスラエルで聖書の神の預言者を虐殺させます。祖国でバアル神を礼拝していた彼女にとって、イスラエルの宗教は忌々しいものだったのです。

強奪の王女

あるとき、アハブ王がナボテという農夫のぶどう園が欲しくなったことがありました。そのぶどう園はアハブ王の宮殿のそばにあったのです。アハブ王は自分の持っている土地と交換するようナボテに頼みますが、ナボテは断ります。アハブ王はへこみまくり、食事も喉を通らなくなります。メンタル弱すぎです。

妻のイゼベルは夫のために一肌脱ぎます。ナボテの住んでいる町の偉い人たちに手紙を出し、**「ナボテが神と王を呪った」**と偽証させて、石打ち（処刑）させたのです。持ち主のいなくなったぶどう園を、アハブ王は喜々として自分のモノにします。なんて夫思いの妻でしょう。アハブ王自身はそこまで悪人ではないのですが、イゼベルに言われると悪いことをしてしまう、尻に敷かれた夫でした。

皇太后の最期

夫のアハブ王は弓矢に射られて戦死し、その子供が王位に就きます。イゼベルは皇太后として君臨します。

アハブ王の長男アハズヤが後継者を残さず死に、弟のヨラムが治めていた頃、預言者エリシャが王国軍の隊長イエフに命じてクーデターを起こさせます。イエフはイスラエルの国王ヨラムとユダの国王アハズヤを２人とも殺します。

イエフが宮殿に迫ってくると、悪女イゼベルは宮殿の窓からイエフを見下ろして挨拶します。イエフは**「私の味方は誰だ！」**と窓に叫び、それに応えてイゼベルの家臣たちが彼女を窓から突き落とします。

イゼベルの血は壁に飛び散り、その死体はほとんど犬に喰い尽くされます。これが悪女の最期でした。

～列王記上18章‐下9章～

服を引き裂く仕草

預言者エリヤはナボテのぶどう園を奪ったアハブ王に、裁きの言葉を告げます。神はあなたの家を滅ぼし、犬があなたの血を舐めるであろうと。アハブ王は着ている服を引き裂いてガチへこみしたので、その反省を見た預言者エリヤは「一族への災いはあなたが生きているあいだには起きない」と告げます。

この「服を引き裂く」というボディランゲージは、聖書の中では激しく反省したり悲しんだりしている感情を表すために使われます。くわえて頭に灰を被って地べたに座り込んだりすれば完璧です。日本人と違い、感情表現の派手な民族なのでしょう。

【ナボテ】彼が王様に土地を譲らなかったのは、頑固者だったからではありません。イスラエル人にとって土地とは、神からもらった大切な約束の地。法律では土地を永久に売り渡すことが禁止されていたのです。つまり、ナボテは信心深い農夫で、アハブ王は神の命令に反することを彼に要求していたというわけです。これはバアル神に傾倒していたイゼベルの影響でした。

魔女イゼベル

嫌な女だな……。

でも、私たちのお仲間って可能性もあるのよね。
聖書ではイゼベルは呪術を使っていたって書かれているし、魔女だったかもしれないわ。

へー。なんの魔法が得意だったんでしょー？

バアル神は嵐の神だったから、水系かもね。

でも、結局部下に殺されちゃったんだよな。

ええ。イエフが宮殿に迫ってくるのを見たイゼベルは、アイシャドーを塗って、髪も結い直して、おめかしをして迎えたの。

女の武装をして対決したのね。
窓からイエフを見下ろして、「元気かね、主君殺しよ」って挨拶したわ。

なんかカッコイイな!?

重病の善人を総攻撃する友人たち

大富豪ヨブ

昔々、**ヨブ**という完璧な善人がいました。ヨブは7人の息子と3人の娘を育てていました。財産は羊7000頭、らくだ3000頭、牛500頭、雌ろば500頭、そして数え切れないほどの召使いです。ヨブは東の人々の中で一番の大富豪でした。

神 vs 悪魔

あるとき、悪魔が天国へとやってきます。神はヨブのことを褒め、あれほどの善人は1人もいないだろうと悪魔に尋ねます。

すると、悪魔は**「いやいや、それはあなたがヨブをお金持ちにしてあげたからですよ。もしあなたがヨブの財産を全部奪ったら、ヨブは手の平を返したようにあなたを呪うでしょうね」**と言います。人間の本性なんてそんなもの、本当に神に従いたい善人はいないのだと馬鹿にしたのです。

神はその主張の間違いを証明するため、悪魔に**「じゃあ試してみなさい。ただし、ヨブを殺すのだけは駄目だ」**と告げます。

悪魔は大喜びでヨブへの攻撃を始めます。まずはヨブの子供を皆殺しにし、続いてヨブの家畜を殲滅し、トドメにヨブの全身を病魔で腫瘍だらけにします。

説教タイムスタート！

あまりにも酷いことになったので、妻はヨブに**「神を呪って死になさい！」**とまで言います。それでもヨブは神に文句を言いません。

そこへやって来た、3人の友人たち。彼らはよっぽど普段からヨブを妬んでいたのか、ヨブを取り囲むや、言葉でガンガン攻め始めます。君は実は悪い人間なのだ、だから災難が襲ってきたのだと、ひたすら説教したのです。重病の人を。

神のターン

どれだけ苦しい目に遭っても、ヨブはまったく神を呪おうとしませんでした。神はヨブからすべての災難を取り去り、褒美として財産を元の2倍へと増やしてやります。ヨブは140年も生きて、天寿をまっとうしました。

～ヨブ記～

ヨブ記に出てくる不思議生物

ヨブのエピソードは、そのままズバリ『ヨブ記』という聖書の１冊に収められています。延々と友達（？）３人の説教とヨブの自己弁護が続くパートがメインなのですが、その中には奇妙な生き物が登場します。

ヨブ記には普通に出てくるのですが、専門家たちにもいまだになんの動物なのかわかっていません。それは、リヴァイアサンとバハムートの２つです。きっと皆さんも一度くらいは聞いたことがあるのではないでしょうか？

【リヴァイアサン】 海に棲む凶暴な獣です。並んだ盾のような背中、恐ろしい牙。くしゃみをすると稲妻が放たれ、口からは炎が噴き出し、鼻からは煙が上がります。戦士さえ逃げ出す強力なその生き物は、すべての獣の王だと記されています。伝説やゲームでは、巨大な海の怪物として登場します。

【バハムート】 聖書では「ベヒモス」という名称で出てきます。その姿に関する描写から「河馬」と訳されることもあるようです。ソーシャルゲーム『神撃のバハムート』は大ヒットしました。

御利益

ヨブが御利益のために神様を信じてるって、どうしていけないことみたいに書かれてるんですかー？
それって普通のことですよね？

私たちも精霊の加護を求めて祈ったりするもんなー。

多神教の神話だと、船乗りの神とか商人の神とか、それぞれの分野ごとに御利益を求めて祈る対象がいたりするわね。

でも、聖書は一神教の神話だから、御利益目的じゃダメなのよ。
一神教の神は絶対神だから、人間が心から従うことを望むの。

気持ちはわかりますけどー。お金目的で親切にされたりしたら、悲しいですし。

確かにそれはきついな……。

男の生首を欲しがった人妻

ストイックな男ヨハネ

救世主イエス·キリストの親戚である『**バプテスマのヨハネ**』は、預言者でした。彼はイエスがイスラエルで本格的に仕事を始める前に、預言者としてイスラエル人たちを導きました。

ストイックの権化のような男性だったヨハネは、人間らしい生活なんて送ろうとはしません。原始人みたいな毛皮の服を着て、ひたすらイスラエル人たちにバプテスマという儀式を行う仕事を続けていました。食事はイナゴと花の蜜のみ。完全にサバイバルです。

ヨハネの災難

当時の王**ヘロデ**は、元々の妻を家から追い出し、異母兄弟の妻**ヘロデヤ**を奪って自分の妻にしていました。まあ最悪な男であり、そのせいで戦争まで起きました。ヨハネはこの２人の関係を批判します。

ヘロデヤは当たり前のことを言われただけなのに、ヨハネのことを憎悪するようになります。ヘロデはヨハネを捕まえて牢獄に叩き込みます。ただし、ヨハネを殺そうとはしませんでした。なぜならヨハネは庶民から預言者として尊敬されていましたし、ヘロデもヨハネが預言者だと信じていたからです。ヨハネのことが怖かったのです。

サロメの踊り

ヘロデの誕生パーティのときのこと。ヘロデヤの娘**サロメ**が、みんなの前で踊りを踊ってヘロデを喜ばせます。ヘロデは少女サロメになんでも欲しいものをあげると約束します。

サロメが帰って母親に**「なにをもらったらいいか」**と尋ねると、ヘロデヤは**「ヨハネの首を盆に載せてもらってきなさい」**と命じます。サロメがそのことをヘロデ王に願うと、ヘロデ王は渋々ながらも牢獄でヨハネの首をはねさせます。大勢の前で約束をした以上、撤回できなかったのです。

少女サロメはヨハネの生首を盆に載せて、母親のところへ持って帰ります。

～マタイ３章-14章～

バプテスマ

日本語では「洗礼」「浸礼」などと訳される儀式。キリスト教の信者になるときに行います。本来、水に体を沈めることで一度死に、水に浮かび上がることで復活するという意味がありました。仏教で出家すると法名という新しい名前が与えられるように、洗礼を受けた信者は洗礼名を与えられます。これはクリスチャン・ネームと呼ばれます。

ローマ帝国の皇帝コンスタンティヌス１世は、死の直前に洗礼を受けました。以後、ローマ帝国においてキリスト教は勢力を伸ばし、国教とされるまでになります。これには政治的な目的がありました。キリスト教は一神教です。一神教では創造神にのみ絶対的な権力があるため、絶対神に選ばれたとすることで、皇帝の権力をどこまでも高められるのです。ようするに、民衆を支配するには非常に都合の良い思想なのです。絶対王政の基本は、この「王権神授説」です。古代イスラエル王国でも王権神授説によって秩序が保たれていましたが、ローマ帝国はそのメカニズムを利用しようとしたのです。

男の弱み

聖書に出てくる男って女に弱すぎじゃね!?

そうね。イゼベルの尻に敷かれていたアハブ王と同じく、ヘロデ王も奥さんと娘にまんまと操られたし。

じゃあ、ヘロデさんってそんなに悪い人じゃなかったんですか？

悪い人ではあったんだけど、聖書の神を信じてもいたみたいね。

ヨハネが亡くなったあと、イエスが活躍し始めて、ヘロデは思ったの。

「もしかしたらイエスは自分が殺したヨハネが復活した存在なのかもしれない！」って。
怖くて仕方なくなって、イエスに会って確かめようとしたこともあったわ。

怖がるくらいなら最初から殺すなよ……。

第三部

異能者たちの宴

聖書に出てくる預言者や戦士たち——彼らは神から授かった力を駆使する異能者でした。様々な異能が乱舞する様は、まさに異能バトル。ライトノベルでも読んでいるかのようです。

古代の異能者たちの大活躍を、どうぞご堪能ください。

予知能力でエジプトを救う

夢見るヨセフの本領発揮

レイプの濡れ衣を着せられ、監獄にぶち込まれたヨセフ。その監獄に、ファラオを怒らせた部下２人が叩き込まれます。片方はソムリエで、もう一方はシェフでした。その２人は同じ夜に予知夢を見ますが、夢の意味がわからず悩みます。

彼らの世話をしていたヨセフは、夢の意味を教えます。それは、シェフが絞首刑になり、ソムリエがファラオのソムリエの仕事に復帰するというものでした。

ファラオの悪夢

２年後、ファラオが悪夢を見ます。痩せ細った雌牛が７頭の太った雌牛を呑み込み、しなびた穀物の穂が肥えた穂を呑み込むという夢です。ファラオはその夢の意味がわからず、魔法使いたちに相談しますが、誰も夢占いをすることができません。ソムリエはヨセフのことを思い出し、彼なら役に立つかもしれないとファラオに進言します。

エジプトで辣腕を振るう

ファラオの命令により、ヨセフは監獄から出され、きちんとした服を着せられてから、宮殿に連れて来られます。ヨセフはファラオの夢が**「エジプトを襲う７年の豊作と７年の飢饉」**を意味していると教えます。

ファラオはヨセフの優秀さに感動し、ヨセフをエジプト全土の支配者に任命します。ヨセフは豊作の７年にしっかり内政を執り行い、食糧を備蓄させます。

最初の予知夢が正夢に！

ついに７年の飢饉が始まり、その飢饉は世界中に広がります。ヨセフのお陰で食糧のあるエジプトに、世界中の人々が食べ物を買い求めにやってきます。その中には、ヨセフを奴隷商人に売り飛ばした兄弟たちもいました。ヨセフは彼らが自分にひざまずくという予知夢を見たせいで、兄弟たちに売り飛ばされたのです。その予知夢が、ここで現実となります。ヨセフは父親ヤコブを含めた一族をエジプトに呼び寄せ、飢饉のあいだ一族が生き延びられるようにします。

～創世記40章-47章～

古代の人と夢

現代人は夢占いを信じる人はあまりいませんし、本気で信じていたらちょっと変に思われてしまうものですが、古代は違います。特にイスラエル周辺では、夢は神からのお告げであると考えられていたのです。そのため意味深な雰囲気の夢を見てしまった人は、とにかく悩みました。どういう意味か思い詰め、鬱状態になっていたのです。なぜそんなことでストレスを感じるのか、今の我々には理解しがたいですよね。

預言者たちが神のお告げを聞くときも、それは夢に似た幻の中であることが多かったようです。一種のトランス状態と言ってもいいでしょう。

【ヨセフの兄弟たち】エジプトで支配者となったヨセフと再会した兄弟たちは、人が変わってしまっていました。年を取って丸くなったのか、過去にヨセフに犯した罪を悔いていたのです。特にユダは、末っ子を守るため命を賭けるほどの人格者になっていました。ヨセフは計略を尽くして兄弟たちの改心を知ると、彼らを許します。

食糧計画

結局、ヨセフがエジプトに売り飛ばされたから、イスラエル人のご先祖たちは飢饉で全滅せずに済んだんだな。

すべては運命……彼らふうに言うなら、神のお導きだったってところかしらね。

7年間も食べ物を保存できたんですか？
冷凍庫もない時代なのに。

備蓄したのは明らかに穀物でしょうね。
そもそも、穀物が主食になったのは、古代の人間にとって保存しやすいのが穀物だったからなの。

7年も穀物ばっか食べてたのか。つらいな。

まあ、死ぬよりはマシよね。備蓄しておいたお陰で種もみもなくならなかったし、エジプト王家は権力が増大したし、万々歳だったみたいよ。

最古の異能バトラー・モーセ

玉のような男の子

ヨセフの死後、新しい王はイスラエル人を奴隷にして虐げるようになりました。そして、イスラエル人がどんどん殖えていくことに恐怖します。外国との戦争になったとき、イスラエル人が敵側について逃げていくのを心配したのです。ファラオは助産婦たちに、イスラエル人の男の子が生まれたら殺すよう命じます。

あるイスラエル人の女性はモーセを産みますが、その子があまりにも美しいのを見て３カ月隠しておきます。ですが、ついに隠すのが難しくなり、パピルスのカゴにモーセを入れてナイル川に流します。水浴びに来ていたファラオの娘がモーセを見つけ、自分の子として育てるようになります。

エジプトの王子様

異国の王子様として育ったモーセですが、自分の同胞であるイスラエル人が奴隷として酷使されているのを知って胸を痛めます。エジプト人がイスラエル人をボコボコにしているのを見ると、そのエジプト人を殺して砂に埋めてしまいます。モーセはファラオに処刑されそうになり、エジプトから荒野に逃げ出します。

これがオレの……チカラ……？

荒野で外国人の娘と結婚し、羊飼いとして幸せな生活を送っていたモーセ。しかしあるとき、永遠に燃え続ける柴に神が降臨しているところに遭遇します。神はモーセに奴隷のイスラエル人たちを救い出すように命じ、異能を与えます。

神に言われてモーセが杖を地面に投げると、それは蛇に変わります。手を懐に入れると、それは病魔に冒されて真っ白になります。

魔術師たちとの異能バトル

モーセは新しいファラオの宮殿に向かい、イスラエル人を解放せよと要求します。そこでファラオの部下の魔術師たちと異能バトルが始まります。モーセの投げた杖が蛇に変化し、魔術師たちの杖が変身した蛇と戦い始めたのです。モーセの投げた杖は魔術師たちの杖を呑み干し、ひとまず第１ラウンドは勝利します。

〜出エジプト記1章-7章〜

モーセの杖

モーセほどド派手な異能を駆使し、様々な異能を使い分けた預言者は、聖書中でも他にいないでしょう。ただし、彼の杖は実はモーセだけのモノではありませんでした。兄アロンとの共有であり、一般には『アロンの杖』と呼ばれていたのです。

モーセは口下手だったので、神からエジプトの宮殿でファラオに直談判するようにと命じられたとき、ためらいました。そんなモーセに、神は「代わりに兄のアロンに話してもらうように」と指示します。そのためモーセはファラオと対決するときはいつもお兄さんに同伴してもらっていました。民族を救う英雄なのに、意外と可愛いところもあるんですね。

【チッポラ】モーセの妻。まだ独身の頃、家の仕事を手伝って羊に水を飲ませようとしていたとき、他の羊飼いたちにいじめられます。そこにエジプトから落ち延びてきた王子様モーセがさっそうと割って入り、チッポラを助けます。まさに白馬の王子様です。

日本とイスラエル

川をどんぶらこ、どんぶらこと流れてきた赤ちゃん……？
なんか聞き覚えがありますよ？

桃太郎じゃね!?
仲間のために危険なところに乗り込んでいくってとこも似てるし！

あと、最後にお宝をたくさん手に入れて脱出するってところもね。

そういえば、契約の箱に入ってた三種の神器も日本に似てるな……。

日本人の神話や伝承はイスラエル人と似ているものが多いから、「日本人は失われたイスラエルの10部族の末裔だ！」って主張する人たちもいるわね。

本当なんですか？

本当のところは不明よ。でも、なかなかロマンがある話よね。

都市を崩壊させる音色

スパイと売春婦

荒野をさまよっていたイスラエル人が、いよいよ約束の地カナンを攻めるときがきました。イスラエル人は敵地を前もって調査するため、スパイを送り込みます。もちろんカナン人はスパイを全力で潰しにかかりますから、スパイはどこかに身を隠さなければなりませんでした。

そんなとき、エリコの町のラハブという売春婦が、スパイ一行を自宅にかくまいます。ラハブはエジプトからのイスラエルの快進撃を聞き及んでおり、イスラエル人の神の力を恐れていたのです。スパイたちはお礼にラハブの一族だけは殺さないと約束します。

天界の将軍

イスラエルの本軍がエリコの近くにきたとき、指導者ヨシュアは強大な霊が仁王立ちしているところに遭遇します。その霊は抜刀して迫ってきていました。ヨシュアが**「あなたはどこの味方ですか……?」**と尋ねると、強大な霊は自分が天界の軍勢の将軍だと告げ、神からの作戦指示を伝えます。

音波攻撃

その指示に従い、ヨシュア率いるイスラエル軍はエリコに接近します。エリコの城門は固く閉ざされており、このままで攻めることができません。イスラエル軍は町の周囲を７度回り、角笛を吹き鳴らして、ときの声を上げます。すると、凄まじい音波攻撃によってエリコの城壁が崩れ落ちます。

聖絶

イスラエル軍はエリコに攻め込み、男も女も老人も赤ん坊も家畜も、あらゆる生き物を皆殺しにし、町を滅ぼし尽くします。

命を救われたのは、以前スパイをかくまったラハブの一族のみでした。彼女の家には窓から赤いヒモがぶら下げられており、イスラエル軍はその目印によってラハブの家を見分けました。

～ヨシュア記2章－6章～

不思議な売春婦ラハブ

カナンにおいて売春婦はしごく真っ当な仕事と考えられていました。しかし、イスラエルの法律では、売春婦とは死刑になってもおかしくないような職業でした。だというのに、ラハブはエリコの滅亡から救われ、しかもダビデ王家の先祖となります。ルツ記においてルツとレビレート婚を行うボアズの母親が、なにを隠そうこのラハブです。

ダビデの先祖ですから、必然的に救世主イエスの先祖でもあります。この事実に混乱する人は多いようで、「実はラハブは売春婦ではなかったのでは？」と考え、なんとかして理由を考え出そうとする学説もあります。しかし、新約聖書においてはイエスの異父兄弟ヤコブも「ラハブは売春婦だった」と明言しています。

イエスには元売春婦であるマグダラのマリアも付き従っていましたから、過去の経歴がどうあれ正しく生きようとする人間は善人と判断される、ということなのかもしれません。ちなみに、この地名を使った『マグダラで眠れ』というライトノベルもあり、修道女のヒロインが登場します。

攻撃の正体は？

城壁をぶっ壊すほどの音波攻撃とか……すごくね!?

みなさん、よっぽど声が大きかったんですね～。

いやいやいや！
いくら声がでかくても壁は壊れないだろ！
人間の限界越えてるだろ！

まあ、近くに天界の将軍もきてたから、純粋に音波攻撃だったかどうかは不明だけどね。

イスラエル軍がときの声を上げると同時に、天界軍が壁に攻撃を放ったのかも。

そっちのほうがまだ納得できるよな……。

やっぱり天使さんたちは強いですねえ……。

敵に回したらほぼ全滅と思ってもいいわね。

勇者ギデオンと300人の戦士

選ばれし者

カナンでイスラエルに王が生まれる以前、その土地が異民族の侵略を受け続けたことがありました。イスラエル人たちは山の洞窟などに隠れ住みましたが、イスラエル人が畑に種をまくたびに、ミデヤン人やアマレク人が襲ってきていました。食糧を生産することもままならない暗黒の時代です。

そんなとき、ギデオンという農夫の前に正体不明の旅人が現れます。旅人はギデオンに**「イスラエル人を率いて敵と戦い、民を救え」**と告げます。戦いのリーダーになれるような権力者ではなかったギデオンはためらいます。そして旅人に食事を提供しますが、旅人は料理をすべて岩の上に置かせます。旅人が杖の先で料理に触れると、岩から炎が噴き上がり、料理を焼き尽くします。旅人はいつの間にか姿を消してしまいます。

ギデオンはようやく、旅人が天使だったと悟ります。ギデオンは神によって勇者として選ばれたのです。

ギデオンの占い

ギデオンは神のエネルギーに満たされ、角笛を吹き鳴らします。すると、イスラエルのあちこちから人々が集まってきて、ギデオンに従うようになります。ゲームの『ピクミン』みたいな感じです。

ギデオンはさらに勝利の確信を得るため、占いをすることにします。**「私は外に1頭分の羊の毛を置いておきます。もしその毛だけが乾いていて、他の地面に露が降りていたら、私は神によって勝利することになります」**と神に言ったのです。翌朝外に出てみると、ギデオンの言葉通り、羊の毛以外の大地には露が降りていました。これでギデオンは勝利を確信し、祖国の奪還を始めます。

大軍に立ち向かう300人

様々な民族の巨大な連合軍に対し、ギデオンが率いた兵士はたったの300人でした。彼らは敵の陣営の近くで角笛を吹き鳴らし、壺を打ち砕いて、ときの声を上げます。敵の連合軍は混乱して同士討ちを始め、敗北します。

～士師記6章－7章～

イスラエルにおける占い

ギデオンがやったのは、正確には占いではありません。神が天使を使って天候を操ったのが事の真相ですから、ギデオンは神にお伺いを立てただけなのです。

そもそもイスラエルにおいて、占いは厳しく禁じられ、占いをやる魔法使いのような存在は、死刑になっても文句は言えませんでした。どの時代、どの地域でも占い師は需要があり、認められてもいるのに、どうしてイスラエルでは御法度だったのでしょうか？

それはまず、イスラエルが一神教の民族だったからです。占いとは、なにかの神や力にすがって未来を予知する魔術ですから、一神教の神にとっては敵なのです。そして、イスラエルでは占いがなくても、未来を告げるシステムがありました。神→天使→預言者→国民といった伝言ゲームのような感じで、国の命運などの未来を教えることができたのです。

とはいえ、もっと個人的な未来も知りたいと思うのが人の常。イスラエル人もそうだったらしく、しょっちゅう占いに頼っては神の怒りを買って天罰で死んでいました。

鬼の選抜テスト

300人は少なすぎじゃね!?

みんな戦うのが怖かったんですね～。

いくら怖くても母国のためならさすがにもうちょい戦う奴いるだろ？

最初は32000人くらい志願兵がいたんだけどね～、途中で減っちゃったのよ。

怖い人は家に帰るようにってギデオンが勧めたら、22000人帰っちゃったの。

怖がりすぎだろ！
なんで集まってきた!?
最初から家にいたほうが良かったよな!?

そして、水の飲み方が下手だったという理由で、9700人がクビになったわ。

そんな理由で!?

スーパーマン・サムソン

天使の告知

悪事を行ったイスラエル人が40年、罰としてペリシテ人の圧制下にあったときのこと。マノアという男性と不妊の妻のところに天使が現れ、あなたは男の子を産むと告げます。天使は**「その子の髪は一生切ってはならない」**と命じます。

ライオンとの戦い

成長したサムソンは、こともあろうにペリシテ人の女性と結婚しようとします。それはペリシテ人に戦いを仕掛けるきっかけを探してのことでした。

サムソンが女性の実家に向かっていると、ライオンが襲ってきます。サムソンは素手でライオンを引き裂き、一瞬で殺してしまいます。凄まじい怪力です。

しばらくたって戻ってきたサムソンは、ライオンの死骸の中にミツバチが巣を作っているのを発見します。サムソンはそのハチミツを集めて両親への土産にしますが、死骸から集めたことは黙っておきます。

ペリシテ人との戦い

結婚パーティでトラブルが起き、父親は花嫁を他の男性にやってしまいます。サムソンは寝取られたと悲しむどころか、大喜びします。やっと好機到来です。これを口実にペリシテ人との戦争が始められるのです。

サムソンは300匹のジャッカルの尾にたいまつをくくりつけ、ペリシテ人の畑に放って作物を焼き尽くします。縄で縛られてペリシテ人のところへ連れて行かれると、縄を引きちぎり、ロバの骨で1000人のペリシテ人を殴り殺します。

女に弱いスーパーマン

無敵に見えたサムソンでしたが、欠点もありました。とかく女に甘かったのです。恋人の**デリラ**にねだられ、つい自分の弱点をばらしてしまいます。それは**「髪を切ると能力がなくなる」**というものでした。デリラから情報を買ったペリシテ人が寝込みを襲って髪を切ると、サムソンは力を失い、捕まってしまいます。

～士師記13章-16章～

サムソンの壮絶な最期

ペリシテ人に捕まったサムソンは両目をえぐられ、青銅の足枷で牢に繋がれて、石臼をひかされます。女に負けたスーパーマンの末路でした。

あるとき、ペリシテ人の領主たちが神殿でダゴン神の祭を催し、見せ物にするため牢からサムソンを引きずり出します。神殿には3000人のペリシテ人がおり、サムソンを眺めて嘲笑っていました。

サムソンは神殿の柱に手を突き、神に祈ります。「あと一度だけ、私に力をください」と。そしてサムソンは「さあ、一緒に死のう」とつぶやき、柱を全力で引き倒します。神殿は崩壊し、その場にいた3000人のペリシテ人もろとも、サムソンは死にます。このとき葬った敵の数は、サムソンが生きているあいだに殺した敵の数より膨大なものとなりました。

【ナジル人】 サムソンは天使の命令により、「生まれながらのナジル人」とされました。ナジル人は神に特別な誓いを立てた人々であり、散髪も飲酒も家族の死体に近づくことも許されませんでした。

力は強くても

デリラさん、ひどいですー。どうして恋人のサムソンさんの弱点を敵に話しちゃったんですかー。

大変なことになるってわかってたのにー。

それはね……深い深い理由があるのよ……。

な、なんだ……？

ペリシテ人が銀貨1000枚をくれるって言ったからよ！

深くねえ！ っていうか最低な女だな！

そうは言っても、サムソンにも問題あるんだけどね。

サムソンがペリシテ人の奥さんをもらったときも、奥さんに泣きつかれてあっさり秘密を漏らしたりしてたしね。

どんだけ女に弱いんだ……。

触れた人を蘇らせる人骨

エリヤの弟子エリシャ

イスラエル王国の時代、牛と一緒に土を耕していたエリシャのところへ、預言者エリヤがやってきてスカウトします。エリシャはよっぽど思い切りがいい人だったようで、畑仕事に使っていた牛を潰し、畑仕事の道具を薪代わりにして犠牲に捧げると、さっさとエリシャについていきます。エリシャは**「エリヤの手に水を注いだ者」**と呼ばれ、お弟子さんとして有名でした。まるで豊臣秀吉ですね。

浄化能力

エリヤの２倍の力を神から与えられたエリシャは様々な奇跡で大活躍します。その１つが、**浄化の奇跡**です。

飲んだら流産になるほどやばい水源に塩を投げ込むだけで浄化し、町の人々を助けたこともありました。預言者仲間がうっかり料理に毒のある瓜を入れてしまったときは、麦粉を投げ込むだけでその毒を浄化しました。

幻惑能力

イスラエルの王がアラムの王と戦っているあいだ、エリシャは敵軍の布陣をことごとく異能で察知し、その場所をイスラエルの王に教えます。

怒ったアラム人は、エリシャを殺すために大軍を送ります。包囲されるエリシャですが、その包囲軍の周囲を、なんと天界の火の馬と戦車が包囲していました。

エリシャはアラム軍を幻惑能力で盲目にし、イスラエルの王のところへ騙して連れて行きます。イスラエルの王はアラム軍を滅ぼすべきかとエリシャに尋ねますが、エリシャはアラム軍をご馳走でもてなして母国に帰らせます。アラム軍はよほど怖かったのか、二度とイスラエルを侵略しなくなります。

骨と化しても

エリシャの死後、その墓にある人の死体が投げ込まれます。エリシャの骨に触れたその人は一瞬で生き返り、自分の足で歩き始めます。死してなお、エリシャには強力な能力が残っていたのです。

エリシャの異能

エリシャの操った異能は、バラエティに溢れています。水を操る力、物質を増やす力、人を復活させる力、人を病気にする力、失せ物探しの力、未来予知など、実に様々です。

その1つとして治癒能力も挙げられます。ソーシャルゲーム『チェインクロニクル』には「奇跡の癒し手エリシャ」というキャラクターが登場しますが、これはまさに聖書の預言者エリシャが元ネタであると言えるでしょう。

【イスラエルのピンチ】 旧約聖書には、イスラエルと周辺民族の戦争がしょっちゅう出てきます。もはや戦記物ではないかと思うぐらい、ひたすら攻めたり攻められたりしているのです。歴史的な経緯はどうあれ聖書においては、イスラエルが敵に侵略されて負け続けたときは「イスラエルが神に罪を犯したからである」とされました。罪の内容としては、他の民族の神を礼拝したり、結婚していない相手とセックスをする習慣が広まったり、といったものがほとんどです。そのたびにイスラエルはピンチになり、神の選んだ勇者に救われました。

禁句

今回の仕事のターゲットはどこでしょう？

おい、あそこだ。ハゲの横にいる魔族だ！

はいストップ！
ハゲなんて言葉を使ったらエリシャに殺されるわ！

え、なんでだ？

昔、預言者エリシャを、たくさんの子供たちがバカにしたことがあったのね。
「ハゲ頭、いなくなれ！」と言って。

そのときエリシャが子供たちを呪ったら、森から２頭の雌熊が出てきて、子供たちを 42 人殺した……っていうエピソードがあるのよ。
ハゲは禁句なのよ！

いや容赦ねえな⁉

不滅の肉体を持つ４人

とらわれたプリンスたち

ユダ王国の人々がバビロンに強制移住させられた、**バビロン捕囚**。その際、ユダの王族や貴族の子息たちのうち、ルックスにも頭脳にも優れた若者ばかりが集められ、バビロンで教育を施されることになりました。目的は、彼らをバビロニア風の立派な大人に育て上げ、ネブカドネザル王の部下にすることです。

その中には、**ダニエル**、**ハナヌヤ**、**ミシャエル**、**アザルヤ**というユダヤ人の少年もいて、それぞれバビロニア風の名前――**ベルテシャツァル**、**シャデラク**、**メシャク**、**アベデ・ネゴ**に無理やり改名されました。

菜食主義

その教育機関では、肉やぶどう酒など、ネブカドネザル王と同じ贅沢なご馳走が生徒たちに与えられました。イスラエルの法律で禁じられている料理を口にしてしまうことを避けるため、ダニエルは教育主任に頼みます。**「私たち４人には、野菜と水だけを食べさせてください」**と。ダニエルのことを気に入っていた教育主任は、彼の願いを聞き入れます。

３年後、教育期間が満了すると、ダニエルたち４人は素晴らしい成長を見せていました。バビロンのどんな魔法使いや賢者より 10 倍も賢かったのです。

不滅の力

ダニエルたち４人はネブカドネザル王に認められ、高い地位に就きました。

あるとき、新バビロニア王国の高官たちが集められ、巨大な新しい金の像を拝むよう王から命じられます。高官たちは皆ひれ伏して像を拝みますが、シャデラク、メシャク、アベデ・ネゴは立ったままです。彼らは聖書の神以外を礼拝するわけにはいかないからです。

ネブカドネザル王は怒り狂い、３人を火の燃える炉に放り込みます。ですが、３人は業火にさらされても焼けることなく、服が焦げることさえありません。いつの間にか３人の隣には天使が降臨し、守護するように付き添っていました。ネブカドネザル王は驚嘆して３人を炉から出し、さらに高い地位に就かせます。

～ダニエル1章-3章～

ネブカドネザル王

新バビロニア王国の2代目国王。ユダ王国を滅ぼし、ユダヤ人たちをバビロンへの虜囚にしました。

ある日、ネブカドネザル王は、恐ろしい巨像の夢を見ます。頭は金、胸と両腕は銀、腹と太ももは青銅、すねは鉄、足は鉄と粘土が混ざっていました。その像は石に砕かれ、石は世界最大の山になります。王はその夢の意味がわからず苦しみます。バビロンの魔法使いたちが「夢の内容を話してくだされば意味を解き明かします」と言うと、王は「いいや、内容もお前たちが当てろ」と無茶ぶりしたあげく、魔法使いたちが無理だと言うと逆切れし、バビロン中の魔法使いや賢者を殺せと命じます。

そんなとき、ダニエルが進み出て夢の内容と意味を王に教えます。ネブカドネザル王は感動し、ダニエルを新バビロニア王国全土の管理者、そしてすべての魔法使いの長官に任命します。ダニエルがネブカドネザル王に友達のシャデラク、メシャク、アベデ・ネゴを推薦すると、ネブカドネザル王は彼らも高い地位に就けてくれます。

妥協しない

よくわかんないけどさー、ちょっと像に頭を下げるくらいやればよくね？
それで死なずに済むんならさ。

ですねー。
それがきょーちょーせーってものですよねー。

お前、協調性の意味わかってないよな。

なんで頭を下げなかったんでしょー？

そこがアブラハムの宗教の面白いところよね。
江戸時代のキリシタンもそうだったけど、とにかく神を裏切ったり、他の神に浮気するようなことが許されないのよ。

そういや、踏み絵なんてのもあったんだっけ？
あれ、なんか魔女狩りっぽくて怖いよな。

まさにこのエピソードも踏み絵よね。

ビーストマスター・ダニエル

国が滅びても

新バビロニア王国がペルシアに制圧されても、ダニエルは権力の座にいました。ペルシアのダレイオス王は、全国各地に120人の太守（知事のようなもの）を任命し、太守の上に3人の大臣を任命しました。ダニエルはその大臣のうちの1人で、太守たちの報告を受けて管理するのが仕事でした。

さて、ダニエルは神に祝福されていたので、誰よりも優秀でした。そのため、王はダニエルをすべての高官の上に任命して国全体を支配させようと考えます。

ライバルたちの陰謀

これは他の高官たちにとっては大ピンチです。ライバルたちは集まって共謀し、ダレイオス王に法案を提出します。それは、**「30日のあいだ、ダレイオス王以外の誰かに祈願をした者は、ライオンの穴に放り込まれる」**というものでした。良さげな法律だと思ったダレイオス王は、法案を認可してしまいます。

エサになる

その法案の通過を知ったダニエルは、すぐに家に帰って神に祈り始めます。きっと助けを祈り求めていたのでしょう。その現場をライバルたちが押さえ、ダレイオス王に訴えます。一度制定した法律を撤回することは王にもできず、ダニエルはライオンの穴に投げ込まれます。

古代のムツゴロウ先生

王はダニエルのことが心配で一晩中眠れず、食事も口にしません。夜明けになると大急ぎで穴に向かい、**「神はあなたを助けてくれたか」**と呼びかけます。

すると、ダニエルはにこやかにダレイオス王に挨拶します。天使が降臨してライオンの口を塞いだため、ダニエルは傷一つ負っていなかったのです。

ダレイオス王は大喜びしてダニエルを穴から出し、ダニエルをはめたライバルたちを妻子もろとも穴に投げ込ませます。ライバルたちが地面に落ちるより先に、ライオンは彼らを骨ごと噛み砕いてしまいます。

～ダニエル６章～

ユダヤ人の受難

古代イスラエル人、そしてその一部であるユダヤ人は、とにかく苦労した民族でした。

まずは飢饉を生き抜くため避難したエジプトで奴隷にされ、脱出してからも不毛な荒野をさまよい、王国を築いたと思ったら２つに分裂、新バビロニア王国に征服されます。その後もペルシア、ギリシャ、ローマの順番に支配され続け、最後はローマ帝国によって滅ぼされます。国家を失ってからは、世界中に散らばって流浪することになりました。これを『ディアスポラ』と呼びます。

ユダヤ人は商才に長けていたため富豪になることが多く、シェイクスピアの『ヴェニスの商人』では金貸しとして登場します。ヨーロッパの貴族であり巨大財閥であるロスチャイルド家もユダヤ系です。この商才に長けた才能が災いし、ヨーロッパ人たちからユダヤ人は妬みと憎しみの目で見られるようになります。その確執が爆発したのが、ナチス支配下のヨーロッパです。ユダヤ人は強制収容所に送られ、処刑されるという非道な目に遭いました。

民族性

ううう……可哀想です……。

ここまで苦労してる民族も珍しいよな。
不思議だ。

ここまで同一性を保ち続けている民族も珍しいけどね。

イスラエルの周辺民族は、滅ぼされたり吸収されたりして消えた民族がほとんどよ。

なんでユダヤ人は消えなかったんですか？

一生懸命、独自性を保とうとしたお陰ね。それもあってヨーロッパで嫌われたんだけど……。

ちなみに日本人はどの国に移住しても順応して吸収されちゃうわ。

世界一空気が読めちゃう民族か……。

水を酒に変える奇跡

カナの婚礼

イエス・キリストが人間界での仕事を始めたばかりのときのこと。地元ガリラヤ地方のカナという村で結婚パーティがあり、イエスとその弟子たちも招待されました。

イエスの母マリアが厨房を切り回していたことから、イエスの親戚の結婚パーティだったのではないかと考えられます。この地方の結婚パーティは非常に長く、1週間続くものだったと言われています。

運営のピンチ

さて、結婚パーティの最中、トラブルが起きます。なんと、ぶどう酒が切れてしまったのです。この地方はぶどう酒の産地であり、人々は水を飲むようにぶどう酒を飲んでいました。大勢のお客さんを結婚パーティに呼んでいますから、まだまだ大量のぶどう酒が必要です。

困り果てたマリアは、息子イエスに**「ぶどう酒がありません」**と言います。**「それが私になんの関係が？」**とイエス。まあ当然です。ぶっちゃけイエスは神の仕事をやり遂げるので大忙しですから、結婚パーティなんぞに付き合っている暇はありません。ましてや、毎日飲み続ける酔っぱらいたちの世話などする義理はないのです。

鋼の錬金術師も真っ青!!

マリアは手伝いの人たちに、イエスの指示にすべて従うようにと頼みます。すると、イエスは6つの水がめに目を留めます。それぞれが80リットルから120リットル入る大きな容器です。イエスはそれに水をいっぱいに入れさせ、中身をくんで結婚パーティの世話役のところへ持って行かせます。

世話役が飲んでみると、なんとそれは最上級のぶどう酒に変わっていました。世話役は花婿を呼び、**「普通は最初に良いぶどう酒を出して、酔いが回った頃に悪いぶどう酒を出すのだけど、これは素晴らしい。よく結婚パーティのために準備していましたね」**と褒めます。

～ヨハネ２章～

イエスは
大酒飲みの大食らい？

　イエスは今でこそ聖人として扱われていますが、当時のアンチたちからは大酒飲みだの食いしん坊だの罵られていました。実際、イエスが宴会にいるシーンは多く、最後の晩餐でもブドウ酒を飲んでいたので、禁欲的な人物ではなかったようです。

　このイエスの態度は、ヨーロッパのラテン諸国に受け継がれていきます。イスラエルと同じく地中海性気候でブドウや作物に恵まれたラテン諸国では、快楽を罪とは考えなかったのでしょう。一方、イギリスやドイツなどの農産物が貧しい国では禁欲的な思想が発達し、ピューリタンが移住したアメリカでは禁酒法まで発生しました。1920年から13年間、酒の製造・販売が禁止されたのです。結果、治安は良くなるどころか悪化しました。密造酒がマフィアの財源となり、犯罪者が急増、銃撃戦で多くの市民が死亡。皮肉なことに酒の消費量も増加しました。

　近年、日本にもある種のフィクションを規制する動きがありますが、人間の欲望を無理に抑え込むと犯罪が増えるのは、歴史が証明しているのです。

欲望

日本の魔法使いたちはお酒飲むの禁止だったのに、イエスさんは飲んでたんですねー。

日本の魔法使い……？
あ、お寺の僧侶たちか。
まあ、今はお酒ガバガバ飲んでるし、結婚もしてるけどな！

この辺のおきてが緩くなったのは、明治時代からね。
それまでもこっそりお酒は飲んでたんだけど。
般若湯って隠語でごまかしてね。

結局、人間の欲望は抑えられないってことなんだよなー。

ええ。
女性との結婚も恋愛も禁止されている神父が、少年をレイプする事件が頻発したりもしていたしね。

怖っ！
もう大人しく神父辞めて結婚しろよ……。

魚を集める力

庶民のカリスマ

イエスは人間界での仕事を始めるとすぐ、庶民たちに大人気になります。その教え方はとても優しく、たとえ話がたくさん使ってあってわかりやすかったのです。当時の宗教指導者だったパリサイ派があまりにも高圧的で、庶民に冷たく当たっていたというのも、原因の１つでしょう。

弟子たちとの馴れ初め

ある日のこと。説教を聞きたい庶民があまりに大勢押し寄せ、イエスは説教を続けるのが難しくなります。まるでスター歌手に殺到するファンですね。

そこはゲネサレ湖の岸辺でした。岸辺では、漁師たちが舟から降りて網を洗っていました。イエスはそのうちの１つの舟に近づくと、シモン・ペテロという漁師に声をかけ、舟に乗り込んで湖上から説教を始めます。

説教が終わると、イエスはペテロに魚を捕るよう勧めます。ペテロは**「今日は徹夜で頑張ってもなにも捕れなかったんですが……」**と言いつつ、網を下ろします。すると、数え切れないほどの魚が網に入り、網が破れそうになります。他の舟と協力して網を引っ張り上げると、魚の重みで舟が沈みそうになるほどでした。

ペテロは縮み上がってイエスの足下に土下座し、**「私から離れてください！　私は罪深い人間なのです！」**と懇願します。イエスはペテロを自分の弟子としてスカウトし、ペテロとその仲間たちはあらゆる財産を捨ててイエスについていきます。

思い出の奇跡

イエスが処刑されたあと、ペテロと仲間の弟子たちは漁師の仕事に戻りました。徹夜で働きますが、魚は１匹も捕れません。そんなとき、岸辺に不思議な男性が現れ、**「舟の右側に網を下ろしなさい」**と命じます。すると膨大な魚が網に入ってきます。弟子たちはその不思議な男性が自分たちの師匠であると悟ります。ペテロは裸で仕事をしていたので、上着をまとい、無我夢中で湖に飛び込んでイエスのところまで泳いで行きます。

～ルカ5章、ヨハネ21章～

ペテロ

十二使徒の1人ペテロ。そのイタリア語読み「ピエトロ」は、PS時代の名作ゲーム『ポポロクロイス物語』の主人公の名前として使われ、ドレッシングでも有名です。また、『ピーター・パン』のピーターや『アルプスの少女ハイジ』のペーターも、このペテロに名前を由来しています。

聖書におけるペテロは、おっちょこちょいで、すぐ怒り、全身で愛情や喜びを表現する、とても人間らしい人物でした。大事な師匠イエスのピンチのときは怒り狂って敵をナイフで殺そうとしましたし、敵陣で自分の命がピンチになると怖くなって「オレはイエスの弟子じゃない！」と口走ってしまいます。しかもそのあと大反省して号泣する始末。そんなペテロのリアクションが面白かったのか、布教するうえで便利だったのか、イエスとペテロが会話するシーンは非常に多く登場します。

愛すべきいじられキャラ、ペテロ。しかしイエスの死後は弟子たちのリーダーに任命され、今ではローマ教皇の始祖と呼ばれるほどですから、人って成長するものですね。

愛の告白

はわわ……少し聖書を読んでみたら、ペテロさんがイエスさんに愛の告白をするシーンが出てきたんですけど……。

マジで!? え、ちょ、ペテロって男だよな？
イエスも男だよな？

間違いなく、男よ。

つまり、それって……はわわわ……。

キャスパが読んだのは、あれでしょ？
イエスがペテロに「私を愛していますか？」って3度尋ねて、ペテロが涙目で「愛してます！」って言い続けるシーンでしょ？

かかか完全にBLだ――――――っ！

別にBLではないけどね。
愛って言っても、弟子としての愛だし。

紛らわしいな!?

究極のプリースト

自分のベッドを運ぶ病人

イエスの操った異能でもっとも回数が多かったのは癒しの力です。

あるときは38年間病気に苦しんでいた人に**「歩きなさい」**と命じるだけで癒し、病人は自分のベッドを抱えて歩き始めました。

遠隔治癒能力

遠く離れた場所にいる召使いのため、士官がやってきて治療を頼んだこともあります。イエスはその場にいながらにして召使いを癒しました。

意志は関係なし

12年間いまわしい病気をわずらい、外を歩くことも許されなかった女性が、群衆に紛れてこっそりイエスに触ったことがありました。イエスに触れれば癒されると評判だったからです。その女性は一瞬で治り、イエスは自分から力が出ていくのを感じて女性の存在に気付きました。

腹を立てるパリサイ派

人々は大群を成してイエスのところに押し寄せるようになります。少しでもイエスに触ることができれば、病気が治っていたからです。安息日にまで人を癒すイエスを見て、頭の固いパリサイ人は腹を立てます。

感染など気にしない

伝染性の病魔に蝕まれ、全身の皮膚が侵された患者に手で触れて癒したこともあります。それはみんなが近づくことさえ嫌がるような病気でした。

大胆すぎる来訪者

あまりにもイエスの周りに集まる人が多すぎて、病人を室内のイエスのところまで運ぶことができない男たちが、大胆な手を選んだこともありました。なんと、病人を屋根まで運んで上がり、屋根を破壊してイエスの前に下ろしたのです。

安息日

　古代イスラエル人の休日。1週間の7日目であり、その日はあらゆる労働が禁止されました。薪を集めたり、調理をすることも禁止だったので、食べ物は安息日より前に用意しなければなりませんでした。安息日に薪を集めたイスラエル人が死刑になったこともありました。この日に働くことが許されているのは、祭司たちだけでした。ちなみに、古代イスラエルでは太陰暦を用いていたため、1日が始まるのは日没後です。

　この安息日の習慣は西部開拓時代のアメリカにも受け継がれており、『大きな森の小さな家』でも主人公ローラの父親が子供の頃は日曜日に遊んでいたらひどく叱られたと語るシーンが出てきます。日曜日を休みに制定したのはローマ皇帝コンスタンティヌス1世ですが、これはローマの太陽神崇拝の影響であり、キリスト教の習慣ではありません。なぜならキリストは、ユダヤ教の古い制度を撤廃したからです。そういう意味でも、パリサイ派がイエスのことを敵視したのはあながち間違ったことでもなかったのでしょう。

今の時代は

安息日かぁ……もしこの習慣が今もあったら、社畜の人生も少しはマシになるのかもな。

遊ぶのも禁止なんてつまんないですよ～。
冷たいごはんを食べないといけないですし……。

私たちはホウキで飛べるけど、普通の人間はバスも乗れなくて困るわよね。
発電所も止まるから、電気も使えなくなるだろうし。

結局、文明の発達していない古代だから成立した法律だったってことかしら。

あ、でも、安息日があったら、日曜はロボットが働くようになるんじゃないか？

あり得るわね。
自動化が進みそうだわ。

レギオンを調伏する エクソシスト

エクソシストの元祖

RPGでは僧侶系のキャラクターが神聖魔法などでアンデッドに大ダメージを与えますし、映画『エクソシスト』はもはや古典ですが、その概念の大元は新約聖書のイエスです。

イエスは人間界で、悪霊に取り憑かれた人の浄化もしていました。悪霊たちは人間の体から追い出されると、**「あなたこそ神の子です！」**とイエスに叫びましたが、イエスはネタバレを防ぐため悪霊たちに喋ることを許しませんでした。人間には飽くまでイエスの言葉と奇跡から神の力を感じ取って欲しかったのです。

自傷行為をさせる悪霊

イエスはエクソシストの力を十二使徒たちに分け与えていました。しかし十二使徒たちが浄化できない強敵が取り憑いている人もいて、親によってイエスのところへ連れて来られます。悪霊はその息子を火の中へ走らせたり、水に飛び込ませたりして苦しめていました。基本的に悪霊はサディストなのです。イエスは悪霊を叱りつけ、その息子の中から追い出します。

豚と悪霊

ある男は悪霊に取り憑かれ、超人的な怪力を手に入れていました。彼は非常に凶暴で、足枷や鎖で縛られてもすぐに引きちぎってしまっていました。その男は墓場に棲みつき、危ないので誰も近寄ろうとはしません。

しかし、イエスが近くを通りかかったとき、男の中の悪霊が叫び始めます。**「神の子よ、この地方から追い出さないでください」**と懇願します。イエスが名前を尋ねると、悪霊は**「私の名はレギオン（軍団）です。大勢いますから」**と答えます。悪霊は山腹に飼われている豚の群れに乗り移らせてくださいとイエスに頼み、それが許されると、男から出て行って豚の群れに取り憑きます。2000匹の豚が崖を駆け下り、湖になだれ落ちて溺死します。悪霊は大量の豚が苦しむのを見て大喜びします。

～マタイ8章、17章～

悪魔と悪霊と死霊

聖書には悪魔と悪霊が出てきますが、その2つの違いとはなんなのでしょうか。実はこのいずれも、天使が堕落した存在であり、根本的には同じ種族なのです。ただし、階級に違いがあります。

『悪魔』は堕天使の王サタンのみを意味するので、1人だけです。

それ以外の悪魔（レギオン、ベエルゼブブなど）は､欧米では『悪霊』と呼ばれます｡日本ではどっちも『悪魔』と訳されますし、いろんな伝説上の悪霊まで悪魔扱いなので、ややこしいですよね。

ちなみに、『死霊』や『怨霊』は聖書にまったく登場しません。人間は死んだらこの世に存在し続けることはない、という考え方だからです。

【青の祓魔師（エクソシスト）】アニメにまでなった大人気の少年漫画。神父の息子である主人公が、悪魔たちと熱血バトルを繰り広げます。ベエルゼブブやサタンなど、聖書を元ネタにする代表的な悪魔の名前も出てきます。
【ペルソナ】女神転生系列の傑作 RPG。こちらも悪魔が多数登場します。

チート能力

エクソシストの浄化能力ってずるいよなー。

私たち魔女が悪霊とバトルするときって、相手が外にいれば魔法で戦えばいいけど、人に取り憑かれちゃったら手の出しようがないじゃん。

人質を取られているようなもんだし。

でも、この前は容赦なく人間さんごと火炎魔法で焼いてましたよね。

そっ、それはっ、お前が攻撃されて危なかったから、つい……。

じー。

なんだよ、そんな目で見るなよな!?

イエスは特に浄化能力を使っていたわけじゃなく、悪霊たちが神の子を怖がって自主退去してただけなんだけどね。

余計ずるくね!?

食料無限コピー能力

食いしん坊の夢

ポケットを叩くとビスケットが増えていく童謡、ドラえもんのひみつ道具バイバイン……、美味しい食べ物がなくならないというのは、食いしんぼうにとっては最大の夢ですよね。バケツプリンにも似たようなロマンがあります。この夢を叶える能力も、実はイエスが使ったことがあるんです。

飢えたオーディエンス

当時のカリスマだったイエスのところには、たくさんの群衆が押し寄せてきていました。十二使徒たちには休む暇もなく、疲れ切っていたので、イエスは彼らを休ませるため群衆から逃げることにします。舟に乗って撤退したのです。しかし群衆は向こう岸に先回りし、イエスたちを待ち構えていました。

羊飼いのいない羊のような群衆の様子を見て、イエスは可哀想に思い、疲れた体を押して説教を始めます。

あまりにもその説教を聞くのに聴衆たちが熱中していたせいで、すぐに日は暮れてしまいます。聴衆たちは食べ物も用意していなかったので、お腹がペコペコでした。

食べても食べても

イエスは聴衆に食べ物をあげなさいと十二使徒に命じます。

しかし、聴衆は男だけでも5000人おり、弟子たちが持っているわずかなお金ではとても充分な食料を買えません。

弟子たちがそのことを指摘すると、イエスは手持ちの食料の数を尋ねます。それは、パンが5つに魚が2匹でした。

イエスは聴衆を組にして草の上に座らせるよう弟子たちに指示します。聴衆が席につくと、イエスは天を仰いで祝福を求め、パンと魚をさいていきます。すると、食べ物が無限に増えていったのです。いくら食べてもなくならず、膨大な数の聴衆が満腹になります。しかも、パンきれの余りを集めてみると、カゴ12個分にもなったのです。

～マタイ 14章～

旧約聖書での無限コピー

食糧無限コピー能力は、食べ物が貴重だった古代においてとても必要とされていたせいか、旧約聖書でもしばしば登場します。

たとえば、古代イスラエル王国の預言者エリヤの時代。そこでは干ばつが生じ、飢饉が続いていました。これは堕落したイスラエル人への天罰でしたが、飢饉のあいだ神はカラスによってパンと肉を預言者エリヤに運び、養いました。しかし、キャンプ地の川の水が涸れ、エリヤがザレパテに移住すると、そこには飢えに苦しむ１人のやもめと息子がいました。その家には少しの麦粉と油しかありませんでした。

餓死しかけているやもめに、エリヤはパンを作って食べさせてくださいと要求します。一見サドい要求ですが、これは預言者とその神を信用するかどうかのテストでした。やもめは素直に最後のパンを作りエリヤに提供します。すると小麦粉と油は無限に増え続け、やもめと家族は飢饉のあいだ生き延びます。同じような奇跡はエリシャも使っており、そのときも救われたのは未亡人でした。

食べ物のありがたみ

パンと魚かー。やけにシンプルだな。
無限に増えてもあんまり嬉しくない気がするぞ？

わたしはパフェが無限に増えて欲しいですー。
むにゃむにゃもう食べられないよーって寝言を言うのが夢ですー。

お前はいつも言ってるだろ！

古代では、食べ物がとにかく足りなかったからね。
まさに死活問題だったのよ。

イスラエル人がカナンに移住するときも、「あそこには食べ物がいっぱいある！」っていうのが一番の魅力だったわけだし。

「乳と蜜の流れるところ」って約束されてたんだっけ？
そんな場所あったら怖いよな。

わかってるとは思うけど、あくまで比喩よ？

水面を歩く男たち

気象を操る力

説教を終えたイエスが、舟に乗ったときのこと。このエピソードの舞台となったと推測されるガリラヤ湖は、非常に天気の変わりやすい場所でした。

その日も湖に大暴風が巻き起こり、小さな舟は木っ端のように揺らされ、今にも転覆しそうになります。彼らの乗っていた舟は漁師の舟であり、嵐には抗いようがありません。そんな大嵐の中なのに、イエスは平然と眠っていました。

弟子たちはイエスを起こして、助けてくださいと頼みます。イエスは**「なぜ怖がっているのか」**と呆れ、風と湖を叱りつけます。すると、嵐は嘘のように静まります。弟子たちは**「嵐まで命令を聞くなんて……」**と呆然とします。

泳ぐ必要なし

同じガリラヤ湖で、こんな出来事もありました。イエスが説教の聴衆に食べ物を無限コピーして与えたあとのことです。イエスは疲れている弟子たちを舟に乗せて仕事から解放し、聴衆たちを帰してしまいました。それから１人だけで山に登り、夕方まで神に祈っていました。

その頃、舟に乗っている弟子たちは、向かい風に襲われ、波に悩まされていました。とっくに陸から何キロも離れていたため、戻ることもできません。

夜中の３時になり、まだ舟に乗っていた弟子たちのところへ、イエスが近づいてきます。他の舟を使って、ではありません。なんと、湖の上を悠然と歩いてきたのです。深夜ということもあり、弟子たちは**「幽霊だ！」**と怯えます。キリスト教に幽霊の概念は存在しませんが、現地にはそういった迷信もあったのでしょう。イエスは弟子たちに話しかけ、**「しっかりしなさい。私だ」**となだめます。

ここで、ペテロのお調子者っぷりが発動します。水の上を歩いているイエスを見、幽霊に対する恐怖もなくなって、自分も水上を歩いてみたくなったのでしょう。イエスに**「私にも水の上を歩けと命じてください」**とお願いします。イエスがそう命じると、ペテロは舟から降りて水上を歩き始めます。

しかし、途中で怖くなり、魔法が解けたように沈み出します。ペテロはイエスに助けを叫び求め、手を握って救出してもらいます。

～マタイ８章、14章～

ガリレオ・ガリレイ

『それでも地球は回っている』の名言で有名な、地動説を唱えた天文学者。アニメ『ガリレイドンナ』の元ネタにもなったガリレオですが、その名前は聖書に由来しています。「ガリラヤ人」という意味なのですが、聖書中ではイエスを指す代名詞としても使われます。

イスラエルのガリラヤ地方は佐賀県くらいの面積で、そこにはイスラエル最大の湖・ガリラヤ湖があります。面積は琵琶湖のおよそ4分の1。イエスはガリラヤ出身で、多くの奇跡や仕事を行いました。ガラリヤの住民は規則よりも、名誉を重んじる人が多かったようです。「てやんでえ、これが江戸っ子の誇りってやつなんだい！」なんて見栄を張る昔気質の職人さん……そんな人たちだったのかもしれません。

実際、イエスの義父ヨセフは大工であり、イエスもその跡を継いでしばらく大工の仕事をしていました。イエスがカリスマになったあとも、故郷の人たちは「あれは大工じゃん！ マリアの息子じゃん！」と言うばかりで、なかなか神の子だと認めようとしませんでした。

預言者のさだめ

そりゃびっくりするよ。去年まで普通の職人だったのに、いきなり「自分は救世主だ！ 神の子だ！」って言い出したら。

普通は病院に連れて行くよな。

そういうことも起きたわ。イエスの母マリアとか、イエスの兄弟たちがやって来て、説教中のイエスを家に連れて帰ろうとしたの。

頭がおかしくなったと思って心配したのね。

連れて帰られちゃったんですかー？

まさか。イエスは聴衆たちに「私の家族はあの人たちではなく、あなたたちなのです」と言ってその場に残ったわ。

なんか悲しいですね……。

預言者は故郷では理解されないものなのよ。

墓から死者を復活させる

死んだ子供たち

RPG では絶対に欠かせない蘇生術。リザレクションやザオリク、リカームなど様々存在しますが、その復活の奇跡もイエスは行いました。

ナインという町の門に近づいたとき、やもめの 1 人息子が死んで担ぎ出されるところにイエスは遭遇します。夫をなくしたやもめにとって、それは最後の希望を失ったことを意味しました。イエスは可哀想に思い、棺に手をかけて息子に**「起きなさい」**と命じます。すると息子は生き返り、母親は泣いて喜びます。

とある偉い人の娘が死んだときも、イエスが**「起きなさい」**と声をかけるだけで少女は生き返ります。この 2 つのエピソードを記したルカは、医者でした。患者の病と闘う彼にとって、既に死んでしまったはずの患者が生き返るのを見るのは、非常な驚きであり、同時に喜びであったに違いありません。

動くミイラ

ラザロという男性が病気にかかり、その姉妹たちが治癒を求めてイエスを呼んだこともありました。しかし、イエスが到着したときにはラザロは死んでおり、墓に埋葬されて 4 日が経っていました。

イエスは墓石をどけるよう人々に命じます。それから**「出てきなさい」**と命じると、ラザロが墓の中から出てきます。イスラエルの埋葬の習慣に従って手足や顔は包帯で巻かれており、それはまるで歩くミイラのような姿でした。

はりつけの処刑後

イエスはパリサイ派の陰謀によってはりつけにされ、亡くなります。その 3 日後、マグダラのマリアが遺体の処置のためイエスの墓に向かうと、墓石が取りのけられてしまっており、中からは遺体が消失していました。

マリアが泣いていると、そこに 2 人の天使が降臨します。しかも、背後にはイエスが現れたのです。生前は人々を復活させていたイエスが、今度は自分が復活したのです。マリアはイエスにすがりついて泣きじゃくります。それから走っていって、弟子たちにイエスの復活を伝えます。

～ルカ7章‐8章、ヨハネ11章、20章～

日本と欧米の埋葬方法の違い

　ラザロを墓から復活させるためには、そこに死体が存在している必要がありました。ここが日本と古代イスラエルの違いです。日本では明治時代から火葬が一般的になりましたが、古代イスラエルでは土葬が鉄則だったのです。

　くわえて、現代でも欧米では土葬が一般的です。なぜなら、キリスト教国家では「将来、キリストの呼び声によってあらゆる死者が復活する」と信じられており、遺体を焼いてしまうと復活できないからです。

　こういう習慣があるからこそ、死体がヴァンパイアとなって蘇るという伝説もあるわけです。日本のように遺体を焼いてしまえば、吸血鬼は存在できません。

【昇天】『フランダースの犬』にも登場する昇天シーン。この元ネタはイエスの昇天で、巨匠の名画にもなっています。イエスは処刑後、数十日のあいだ弟子たちに最後の授業を行いました。それから天に昇り、雲に包まれて見えなくなりました。

魔女狩り

あいつらにとって火葬はとんでもなく残酷なことなんだよな……。
じゃあ昔、魔女が火あぶりにされてたのって……。

そう、絶対に復活できないようにするため、死体を焼いて消滅させていたのよ。

ううう……ひどすぎます……わたしの友達もいたのに……。

しかも、魔女狩りで処刑された人のほとんどは、本物の魔女でさえなかったからね。

自分にとって都合の悪い人間は、魔女だって密告して処刑させてたんだよな。

魔女を狩ると報酬金も発生してたから、300人の魔女をでっちあげて荒稼ぎした極悪人もいたわねえ。

……最後は自分が処刑されたけど。

異能者の大量発生

異言の力

イエスが昇天したあと、ユダヤのペンテコステの祭の日。たくさんの弟子たちが1つの建物に集まっていると、天から激しい風が吹いてくるような音が響き渡りました。燃える炎の舌のようなものが出現し、それぞれの弟子たちの頭の上に宿ります。すると、弟子たちはペラペーラと様々な言語で話し始めたのです。

この能力を、『**異言**』と呼びます。

信者の急増

弟子たちはユダヤ人ばかりだったのに、彼らが操る言葉は凄まじい種類に及びました。びっくりして建物に集まってきた外国人すべての言語に対応していたのです。それらの外国人の中には、アラビア人、クレタ人、エジプト人などもいました。

ペテロは集まってきた人々に説教をし、話を聞いた人たちはバプテスマを受け、その日に3000人が新たな信者となりました。

この異言の能力は、初期キリスト教が勢力を拡大する上で大きな力となりました。ユダヤという狭い地方に留まるのではなく、世界中に拡散して各地で宣教師となることにより、信者を急増させることができたのです。

コミュニティの形成

信者となった人々は、財産を売り払って共有資産にし、必要に応じてわけ合っていました。1つの建物に集まって一緒に食事をし、祈りを捧げていました。**「仕事はどうしたの!?」**と尋ねたくなりますが、きっとそれどころではなかったのでしょう。こうして初期キリスト教会のコミュニティが築かれたのです。

異言の能力だけではなく、様々な奇跡を操ることにより、弟子たちは信者を増やしていきました。江戸時代の天草四郎が日本で奇跡を行うことによって信者の心をつかんだのと同様、新宗教成立の初期段階においては、奇跡というものが重要な役割を果たすのです。

クリスチャンの受難

めざましい速度で広がった初期キリスト教ですが、信者であるクリスチャンには数多くの災難が待ち構えていました。日本でキリシタンが狩られたのと同様、新たな宗教、とりわけ勢いのある宗教は、既存の勢力から物凄い反発を受けます。

同民族から石打ち（石を投げて殺すユダヤの伝統的な処刑法）にされたり、ローマのコロシアムに引きずり出されてライオンに殺されたり。当時、ローマでは血が健康に良いものと考えられていたので、コロシアムの観客たちは瀕死のクリスチャンに大喜びで群がり血を呑み干しました。ローマ皇帝ネロは特に残酷な支配者で、ローマに起きた大火事の放火犯はクリスチャンだと嘘をついて、彼らを虐殺します。

キリスト教の勢力が増し、ローマの国教に選ばれると、そうした残虐行為はなくなります。ただし、その頃にはキリスト教は周囲の異教を取り込み、変質していました。異教の祭や教義がたくさん混ざっていたのです。それは勢力を拡大するための代償だったのでしょう。

悲劇は繰り返す

ローマ人やユダヤ人がクリスチャンを虐殺して、メジャーになったらクリスチャンが魔女を虐殺して、

第２次世界大戦ではユダヤ人を虐殺して……って、人間はどうしようもないな！

基本的に「異質な人間を殺したい」みたいな欲望が先にあって、宗教は大義名分なのよね。

たとえば？

十字軍遠征も、本当の目的は領地獲得だしね。
どこの国も「神のために！」って叫びながらお互い殺し合うのよ。

本当に本当に救いようがないな……。

人間さんをみーんな滅ぼしましょ～。
そうしましょ～。

笑顔で怖いこと言うな！

第四部

壮大なストーリーに燃える！

神と悪魔、そして人間の熾烈な戦いの物語である聖書には、スリリングでスペクタルなエピソードがたくさん詰まっています。その様子はよほど興奮を誘うのか、ハリウッドで何度も膨大なCGとともに映画化されました。
そんな聖書の大活劇を、どうぞご覧ください！

聖書の創造神話

天地創造

聖書の冒頭の本である『**創世記**』では、天地創造は神によって６日で成されたとされています。最初の世界には、闇と虚無しか存在していませんでした。まるで宇宙空間です。

１日目、神は「光あれ」と言いました。すると、闇の中に光が生まれました。
２日目、神は空の雲と海を創りました。
３日目、神は海を大移動させ、地球に陸地を出現させました。
４日目、神は太陽と月が地球を照らすようにしました。
５日目、神は海の巨獣と、海中の生物と、鳥を創造しました。
６日目、神は陸上の生物を造りました。

最初の人間

次に神が取りかかったのは、地球の管理者の創造です。自然界が荒れ放題になってしまわないよう、植物や動物を調整する存在が必要でした。

神は自分と同じようなかたちに人間を創り、エデンの園に住まわせます。エデンの中央には知恵の樹と生命の樹を生えさせました。

人間の初仕事

アダムという名の最初の人間は、神から初めての任務を与えられました。神が連れてくる生き物に名前を付ける仕事です。

それらの生き物には伴侶がいましたが、アダムは独りぼっちでした。きっとひどく寂しい思いをしていたことでしょう。神はアダムを支えてくれる者が必要だと考え、アダムに麻酔を施します。眠っているアダムの体内からあばら骨を１本取り出し、それを利用してもう１人の人間を造ります。

目を覚ましたアダムのところに神が新たな人間を連れてくると、アダムは大喜びし、その人間を**「女」**と名付けます。アダムはその女性を誰よりも、それこそ神より愛するようになります。

～創世記１章‐２章～

ジェネシス

アニメの『ゾイドジェネシス』や、ゲームの『SDガンダム ジージェネレーション ジェネシス』など、様々なタイトルに使われることの多いカッコイイ英単語、Genesis。これは聖書の『創世記』を表す言葉です。

創世記は世界でもっとも普及した創造神話であるため、しばしばフィクションの中で用いられます。たとえば、『ドラえもん のび太の創世日記』では、のび太が神様になって新しい世界を創りましたが、タイトルからして創世記を元ネタにしています。スーパーファミコンの名作ゲーム『天地創造』も、聖書の創世記が元ネタです。

【アダム】 最初の人間としての彼は、非常に創作者のイマジネーションを掻き立てるらしく、『新世紀エヴァンゲリオン』や『無人惑星サヴァイヴ』など、多くのアニメに登場します。
【イヴ】『イヴの時間』というSFアニメは、人間とアンドロイドの関係を鋭く描いていました。『DIABOLIK LOVERS』では、ヒロインが吸血鬼の男性たちからイヴと呼ばれます。

ハイスピード

安息日が７日目なのって、もしかして神様が創造のお仕事を６日やったからじゃないですか？

正解！
よくわかったわね。

えへへ～。

けど、６日で世界を創るなんて無茶だよな。
どんだけ高速作業だって話だ。
どんなブラック企業でも無理だろ。

まあその辺は、そもそも天界の１日が人間界の24時間かどうかもわからないしね。

それに、創造神のエネルギーはとんでもないから、どんな魔法より凄いスピードでモノを生成できるはずよ。

いいですね～。
わたしもそのエネルギーがあったら、たくさんお菓子を生成するのに！

エジプトを襲う10の災厄

神々の戦い

旧約聖書の時代、エジプトで奴隷にされていたイスラエル人を解放するようモーセが要求したとき、ファラオは頑として受け入れませんでした。

すると、聖書の神はエジプトに災いを降りかからせます。それはエジプト人に対する天罰であると同時に、聖書の神とエジプトの神々とのバトルでした。どれだけ罰を与えられてもファラオがイスラエル人を自由にしないので、災いは10まで続いてしまいます。

第1の災厄：ナイル川とエジプトのすべての水が血に変えられ、魚が死に絶えます。これはナイル川の神ハピとの戦いでした。

第2の災厄：膨大な数のカエルがエジプトを襲いました。カエルの女神ヘカトへの挑戦です。

第3の災厄：大量のブヨが人と家畜を襲いました。

第4の災厄：無数のアブがエジプト人を襲いました。

第5の災厄：激しい疫病が広がり、エジプト人の家畜を全滅させました。

第6の災厄：モーセがカマドのススを天に撒き散らすと、それがエジプトの住民と獣に取り憑き、膿の出る腫れ物を生じさせました。

第7の災厄：モーセが天に杖を差し伸べると、雷と雹がエジプトに降り注ぎました。イスラエル人の居住地以外の作物と木々が破壊されました。

第8の災厄：モーセが地に杖を差し伸べると、東風が吹き続け、イナゴの大軍を運んできました。イナゴは残っていた植物を喰い尽くしました。

第9の災厄：闇がエジプトを覆い、エジプト人たちはお互いの顔を見ることもできませんでした。これはエジプトの最高神である太陽神への攻撃でした。

第10の災厄：天使の軍勢がエジプトを襲撃し、エジプト人のすべての長男、家畜のすべての初子を殲滅しました。

ファラオの息子も最後の災厄で死亡します。さすがにこれはこたえたのか、ファラオはイスラエル人にエジプトから出て行くようにと告げます。

～出エジプト記7章-12章～

カエルの女神ヘカト

2番目の災厄で聖書の神と戦った、エジプトの女神ヘカト。その概念はギリシャ神話に受け継がれ、魔術の女神ヘカテーと呼ばれるようになります。アニメにもなった大人気ライトノベル『灼眼のシャナ』には、ヘカテーという名前の可愛い女の子が敵として登場しますが、元々の由来はこの辺りにあるのです。古代の神々というのはなかなか途中で消滅することはなく、次の時代を征した国家の神話に伝承されていきます。

【映画・十戒】 モーセがイスラエル人をエジプトから脱出させる壮大なドラマを描いたハリウッド映画。制作費は現代の金額に換算すると48億円です。聖書に記されたモーセの姿だけではなく、エジプトの王子として活躍していた時代のモーセも描いています。王子モーセとエジプトのお姫様のラブシーンは、子供に見せるにはちょっと刺激的でした。

【ナイル川】 第1の災厄で血に変えられてしまったこの川は、アガサ・クリスティの名著『ナイルに死す』の舞台にもなりました。

ファラオの事情

エジプト、ボッコボコだな。

なんでここまでファラオさんは意地を張っていたんでしょー。
一番目でやめておけばよかったのに～。

まあ、メンツの問題よね。エジプトのファラオは、最高神である太陽神の化身ってことになってたから、

奴隷なんかの神に負けるわけにはいかなかったのよ。もし簡単に負けを認めてたら、どうなったと思う？

「このファラオは実は太陽神の化身じゃないんじゃね？」って国民から思われて、殺されちゃうかもな。

ね、そうなるでしょ。
ただ単に頑固だったわけじゃなく、王様にもいろいろ事情があるのよ。

敵は外だけじゃなくて、中にもいるってね。

決死のエジプト脱出

夜逃げ

10番目の災厄のあと、ファラオがイスラエル人の解放を認めると、イスラエル人たちは夜逃げするようにしてエジプトからの脱出を始めました。イスラエル人はエジプト人にお願いして大量の宝飾品や服をゲットし、運び去ります。

イスラエル人がエジプトに住んでいた期間は、実に430年でした。

守護天使

イスラエル人は、彼らをエジプトに導いた父祖ヨセフの遺体を運んで荒野を進みます。

荒野を行くイスラエル人には、神の遣わした守護天使が同行していました。昼は雲の柱がイスラエル人を導き、夜は火の柱がイスラエル人を照らしていました。荒野の野獣たちは、とても怖くて近寄れなかったことでしょう。

追ってくるエジプトの軍勢

イスラエル人がエジプトを脱出したあと、**「やっぱり奴隷失うのもったいなくね？」**と思ったファラオとその軍勢が追いかけてきます。

イスラエル人は紅海のそばまで追い詰められ、恐怖でパニックになります。こんなところで死ぬくらいなら奴隷のままが良かったとまで叫びます。まさに背水の陣です。

しかし、神は**「私はエジプトのすべての軍勢を打ち破る」**と告げ、雲の柱でイスラエル人とファラオの軍勢のあいだをさえぎります。モーセが杖を掲げると、凄まじい暴風によって紅海の水が真っ二つに左右へ分かれ、海の中に道が現れます。イスラエル人はその道を通って、海の中を逃げていきます。

追いかけるエジプト軍。すると、守護天使は火と雲の柱の中から下界を見下ろし、エジプト軍を混乱させ、車輪もまともに動かないようにさせます。

モーセが海に手を差し伸べると、紅海の水がエジプト軍の上になだれ落ち、とてつもない大水の攻撃によって覆い尽くします。エジプト軍は最後の1人に至るまで水に呑まれ、死んでしまいます。

～出エジプト記12章-15章～

エクソダス

　古代イスラエル人のエジプト脱出を表す英単語「Exodus」。これは、該当する物語を収録した聖書の『出エジプト記』を表す単語でもあります。響きや意味が格好いいせいか、様々なフィクション作品に使われることが多く、アニメ『蒼穹のファフナー EXODUS』は有名です。また、アニメ『SHIROBAKO』では、主人公たちのアニメ会社で制作する作中作に『えくそだすっ！』というアニメが登場します。内容も出エジプト記と同様、脱出劇となっています。
　ハリウッド映画の『エクソダス：神と王』では、そのままずばりイスラエル人のエジプト脱出の様子が描かれました。欧米ではしつこいくらい繰り返し聖書の映画化が行われますが、これは欧米人のベースに聖書が根強く残っていることの証拠と言えるでしょう。彼らを理解するには、聖書を理解する必要があります。

【モーゼステッキ】 ドラえもんのひみつ道具。聖書のモーセが紅海で使った杖と同じく、海や川の水を真っ二つに分けることができます。

モーセの死

モーセの遺品って残ってないのかなー。
すごいマジックアイテムになりそうなんだけど。

残念ながら、モーセが使っていた杖は行方不明になっちゃったし、

モーセの墓の場所は当時のイスラエル人さえ知らなかったから、遺品を手に入れるのは難しいわね。

なんでお墓がわからないんですか？
すっごく偉い人なのにー。

モーセはイスラエル人に別れの言葉を告げて１人で山に登って、神に約束の地の景色を見せてもらってから、1人で亡くなったのよ。

ええー、なんか寂しいですー……。

でも、神に埋葬してもらえたんだから、モーセにとっては最高の名誉だったと思うわよ。

反逆者たちを焼き殺す炎

モーセと十戒

イスラエル人がエジプトを脱出してから3カ月後、彼らはシナイの荒野に入りました。神がイスラエル人に法律を授けることになり、モーセは神に呼ばれて**シナイ山**を登っていきます。モーセ以外の人間はシナイ山に足を踏み入れることを許されず、もし入れば天罰で命を落とすだろうと警告されました。

モーセは40日間、山にこもって神から法律を説明されます。この法律のことを、『**律法**』と呼びます。説明が終わると、神の指が人間界に出現し、石の板に10の基本的な律法を刻んでモーセに与えます。

モーセが**十戒の石版**を抱えて山を下りると、モーセがなかなか帰って来ないのに痺れを切らしたイスラエル人は、他の神を崇拝し始めていました。それは乱交ありのハチャメチャパーティでした。モーセは激怒して石版を地面に叩きつけ、砕いてしまいます。天罰がイスラエル人に下り、抹殺していきます。

反逆者への天罰

古代のイスラエル人は何度も何度も悪事を働いて天罰で殺されました。

あるとき、**コラ**、**ダタン**、**アビラム**という3人の有力者とその配下たちが、指導者モーセと大祭司アロンの地位を奪おうと挑戦したことがありました。**「神に直接会えるのがお前らだけなんて許せない！ オレたちにも祭司の仕事をさせろ！」**と主張したのです。

誰を神が祭司として認めているのか確かめるため、イスラエル人たちはテストをすることにします。反逆者の250人に祭司が使う火皿を持たせ、神の前に立たせたのです。

すると、たちまち天罰が生じます。大地が裂け、反逆者とその家族、および財産を呑み干したのです。反逆者たちは生きながらにして冥府に下ります。

イスラエル人たちは逆ギレし、モーセとアロンに**「よくも神の民を殺したな！」**と文句を言います。激怒した神はモーセとアロンに**「もうこの国民は見捨てなさい。私は彼らをすべて滅ぼす」**と告げます。モーセたちは必死に神をなだめますが、天罰によって疫病が民を襲い、そのうち14900人が死亡します。

～出エジプト記24章～32章、民数記16章～

十戒

『うみねこのなく頃に』に出てくる「ノックスの十戒」や、西尾維新先生の『不気味で素朴な囲われた世界』に出てくる「クリエイターの十戒」などの元ネタになった、聖書の十戒。

それは、次のような掟です。

＊　＊

1. 聖書の神以外を拝んではならない。
2. 神々の像を造ってはならない。
3. 神の名を無駄に唱えるな。
4. 安息日を守れ。
5. 父と母を敬え。
6. 殺してはならない。
7. 夫婦以外の性行為を禁ず。
8. 盗んではならない。
9. 偽証してはならない。
10. 貪欲を禁ず。

＊　＊

これらの基本的な律法は石版に刻まれ、契約の箱の中に納められていました。日本でいう憲法のようなものと考えてもよいでしょう。

神々の像は「偶像」と呼ばれ、聖書ではそういった像を拝むことを禁じています。しかし、キリスト教が各地の異教を取り込むにつれ、偶像を拝む習慣も混ざるようになりました。

復讐

イスラエルの律法だと、「目には目を、歯には歯を」っていうのも有名ね。
バビロニアのハンムラビ法典にも出てくるわ。

あー、殴られたら殴り返せって意味だっけ？

というか、３倍返しの復讐を禁じた法律ね。
これが新約聖書の時代になると、イエスが「右の頬を打たれたら左の頬を差し出せ」って教えるんだけど。

マゾかよ！

まぞって、なんですか？

いや……それは……お前は知らなくていい。

マゾってわけじゃなくて、人から挑発されてもスルーしなさいって意味よ。
売られた喧嘩を買うなんて無駄だものね。

神に捧げられたエフタの娘

ニートの大活躍

このエピソードの主人公**エフタ**は屈強な戦士でした。ギレアデ地方に住むエフタの父親はその名もギレアデで、かなりの権力者だったと思われます。しかし、エフタは遊女の息子だったため、異母兄弟たちから嫌われ、一族から追い出されます。エフタは長男だったのになんの相続財産も受け継ぐことができず、トブ地方に移住して暮らし始めます。

すると、エフタのところにニートたちが集まってきて、みんなで略奪に出かけるようになります。といっても、イスラエル人から略奪していたわけではなく、敵国との戦いを繰り広げていたようです。まさに水滸伝の梁山泊です。

虫のいいお願い

のちに、アンモン人とイスラエル人の戦争が始まります。ギレアデ地方の人々には、頼りになる強い指揮官がどうしても必要でした。切羽詰まったギレアデ地方の長老たちは、戦士エフタを呼び寄せ、自分たちの指揮官になってくれるようお願いします。故郷から追い出された過去のあるエフタとしては、**「なにを今さら……」**という気分でした。

愚かな誓い

敵の大軍と戦うことになったエフタは、神に誓います。**「もし敵軍に勝たせてくださったら、家に帰ったとき一番に私を出迎えた者を神に捧げます」**と。もはやフラグの匂いがビンビンです。むしろフラグしか立っていません。

誓いの効果もあり、エフタはアンモン人の軍勢を撃破します。

かわいそうな娘

エフタが家に帰ると、彼の１人娘が鼓を叩き、踊りながらエフタを迎えます。エフタは愕然としますが、娘は**「神との誓いは守らなければなりません」**と気丈に言います。娘は２カ月のあいだ友人たちと山にこもり、処女で人生を終えることを悲しんだあと、神に捧げられました。

～士師記11章-12章～

エフライム族との紛争

マナセ族のエフタがアンモン人を倒したことを知ると、ご近所のエフライム族は激怒しました。「なんでお前らだけで敵国に勝ったんだ、ぶっ殺すぞ！」とめちゃくちゃなイチャモンをつけてきたのです。アンモン人との戦いの前、エフタが援軍を求めても拒絶したのに、です。

エフライム族はエフタを故郷もろとも焼き払おうと迫りますが、エフタ軍はエフライム族を撃破します。エフライム族が逃亡すると、エフタたちはヨルダン川を封鎖し、川を渡ろうとする人間に「シボレテと言ってみなさい」と促します。エフライム族は「セボレテ」としか発音できなかったため身元がばれ、その場で殺されてしまいます。

江戸っ子が「ひ」の発音ができず「し」と言ってしまうのに似ていますね。

【誓い】 日本人には約束とたいして変わらない言葉に思えますが、イスラエルで誓いを破れば天罰が下るのを覚悟しなければなりませんでした。アメリカの裁判所や大統領就任式では、聖書に手を置いて誓う習慣があります。

大統領になるには

魔女でもアメリカの裁判所で証言するときは聖書に手を置いて誓わないといけないんですか？

判所の場合、手を置くものは聖書じゃなくてもいいのよ。本人にとって神聖なものならね。

大統領がキリスト教じゃなかったら？

そんなことはまずあり得ないでしょうね。
アメリカ人はクリスチャンがほとんどだし。

キリスト教じゃない大統領は票を取れないわ。
まったく信用もされないはずよ。

アメリカの法律も政教分離をうたってはいるんだけど、完全に切り離すことは不可能なのよ。

じゃあ魔女は大統領になれないんですね……。

なりたかったのか!?

俺 tueee ヒーロー・ダビデ

巨人ゴリアテ

ペリシテ人がイスラエルを攻めてきたときのこと。ペリシテ人の軍隊には、**ゴリアテ**という名前の巨人がいました。ゴリアテはイスラエル人に一騎打ちを挑みますが、皆怖がってしまい、挑戦を受ける者がいません。

すると、まだ少年だった**ダビデ**が、巨人ゴリアテに向かっていきます。かなりの体格差にもかかわらず、ハンディサイズの石投げ器を振り回し、石ころを放ってゴリアテの額に激突させます。地面に倒れた巨人に駆け寄ると、その首を切り落とします。イスラエル人は勇気を取り戻し、ペリシテ人の軍勢を撃破します。

俺 tueee な大活躍

それからのダビデの快進撃は、まさに俺 tueee でした。当時の国王サウルが派遣する戦場に出かけていっては、毎回手柄を立てて帰ってきます。サウル王はダビデを兵の隊長に任命し、ダビデは国民的スターになります。イスラエルの女の子たちはダビデに夢中になり、**「サウルは千を倒し、ダビデは万を倒した」**と歌います。それを聞いたサウル王は密かにダビデを憎むようになります。

お姫様との恋

サウル王の娘である王女ミカルは、ダビデに惚れてしまいます。ダビデはお姫様と結婚しますが、それはサウル王がダビデを油断させるための罠でした。

サウル王はダビデの家に暗殺者を送ります。王女ミカルはダビデを窓から逃がし、ベッドに彫像を入れてダビデが寝ているように偽装します。

流浪の身

お尋ね者になった英雄ダビデは、ガトの王アキシュのところに逃げ延びます。そこはゴリアテの故郷でした。家来たちはダビデのことを敵国の英雄だとアキシュに告げますが、ダビデは頭がおかしくなったふりをして切り抜けます。

敵国との戦いでサウル王が死亡すると、ダビデは敵軍を撃破したあと、イスラエルに戻ります。人々はダビデを新たな王として選びます。

～サムエル記上16章・下5章～

ダビデと王子の友情

サウル王の息子・ヨナタンは、ダビデと出会うや彼を自分の命のように愛するようになりました。ヨナタンはダビデより30歳は年上でしたが、年の差は2人の友情を阻む壁にはなりませんでした。父親がダビデを殺そうとしたときも、ヨナタンはダビデをかばい2人を仲良くさせようとしました。しかし、失敗。ヨナタンは逃亡するダビデにキスをして見送ります。

のちにサウル王とヨナタン王子の戦死を知ったダビデは、2人のために歌を作って悲しみます。ちなみにヨナタンの英語読みは「ジョナサン」。歌のタイトルやファミレスの名前でも使われています。

【ゴリアテ】少年ダビデが巨人ゴリアテを石ころで倒した戦いのことを、英語で「ジャイアント・キリング（巨人殺し）」と呼びます。このエピソードは『ジャックと豆の木』の元ネタです。また、弱者が強者を倒すことを慣用句でジャイアント・キリングと呼ぶようにもなり、同名のサッカー漫画はアニメにもなりました。

これが褒美じゃ！

サウル王が戦死したとき、「自分がサウル王を始末しました！」ってダビデに報告しに来た人がいたんだけど、その人はどうなったと思う？

えっと……たくさんごほうびをもらって、ダビデさんの大臣になったんですね？

はずれ。その場で即座に処刑されたわ。

なぜ!?

ダビデだって、殺そうと思えばサウル王を殺せるチャンスは何度もあったのよ。でも、それはやれなかったの。

サウル王は神に選ばれた存在。
彼を殺すってことは、神への反逆を意味したから。

なるほど……。ただ逃げるだけしかできないなんて、大変だな……。

母国を救った王妃エステル

古代のシンデレラ

ユダヤ人がペルシャ帝国に支配されていたときのこと。アハシュエロス王は王妃ワシテをパーティに呼びましたが、ワシテは頑として拒否しました。王の威厳を保つため、アハシュエロス王はワシテを宮殿から追放します。

そして、全国から募った乙女たちの中から新たな王妃を探すことにします。選ばれたのは、**エステル**という若い女性でした。

モルデカイの手柄

エステルを育て上げたのは、エステルの叔父である**モルデカイ**でした。モルデカイは侍従がアハシュエロス王の命を狙っていることを知り、王妃となったエステルに告げます。エステルは王にそのことを告げ、侍従は処刑されます。

ハマンの謀略

その頃、総理大臣になっていたのは**ハマン**という男でした。ハマンは自分にぺこぺこしないモルデカイのことが気に食いません。そのため、計略を巡らし、アハシュエロス王に**「ユダヤ人は法律を守らない民族だ。滅ぼさせてください」**と頼んで、承諾を得ます。ハマンは庭に処刑用の柱を立て、そこにモルデカイを吊す日を心待ちにします。

エステルの勇気

エステルはユダヤ人であることを明かしていなかったので、黙っていれば助かることができました。しかし、勇気を出し、自分の同胞がハマンの計略で滅ぼされようとしていることを王に訴えます。王は激怒し、ハマンを彼自身の立てた柱に吊して処刑します。

ハッピーエンド

王の許可を得たユダヤ人は、自分たちを滅ぼそうとする者たちを殲滅します。アハシュエロス王はモルデカイを王に次ぐ地位まで高めます。

～エステル記～

エステル

古代のシンデレラといった感じのエステルは、聖書において書名にまでなった２人の女性のうち１人です。また、欧米で女性の名前によく用いられ、小惑星の名前にもなっています。フィクションでは、ゲーム『テイルズ オブ ヴェスペリア』のヒロインの名前に使われたり、『エスター』というホラー映画の名前の由来ともなっています。

【アハシュエロス王】ペルシャのクセルクセス１世と同一人物だと考えられています。クセルクセス１世はギリシャへ遠征に向かい、スパルタ教育で有名なスパルタ軍と戦います。その際、スパルタ王がたった300人の精鋭で200万人以上のペルシャ軍と渡り合った戦いっぷりは、『300（スリーハンドレッド）』というハリウッド映画にもなっています。

結局、クセルクセス１世は遠征を断念せざるを得ず、帰国します。それからというもの、ギリシャは力を増大させていき、やがてペルシャ帝国に取って代わって世界の覇者となります。

譲れないもの

ちょっとモルデカイがハマンに頭を下げれば済む話だったのに、おおごとになったもんだな。

仕方ないわ。ハマンはアマレク人だったから、イスラエル人の敵だったの。
聖書の神から絶滅も宣告されていたのよ。

なるほど……。

エステルさんが羨ましいですー。
わたしも可愛かったら王様にプロポーズされるのにー。

え、た、玉の輿とか憧れたりするのか……？

いえー、なんかお伽話みたいで素敵だなあって思っただけです。

ほっ。

あらー？ どうしてホッとしてるのかしら？

う、うるさい！

魚に喰われた預言者

ニート預言者

北イスラエル王国の**預言者ヨナ**は、あるとき神から難しい任務を与えられました。それは、アッシリアの大都市ニネヴェの人たちに**「神はあなた方を滅ぼす。なぜなら、あなた方が悪ばかり行っているからである」**と宣告する任務です。

もうオチが見え見えです。激怒したニネヴェの住民たちからボコられて殺される予感しかしなかったヨナは、全速力で逃げました。船に飛び乗り、ニネヴェから遠く離れたスペインを目指しました。

魚の腹に

が、どこに行っても神から逃げられるはずもありません。たちまち神の大嵐が追いつき、船は木っ端のように大海で揺られます。乗客たちは必死にそれぞれの神々に助けを祈り求めますが、嵐は収まりません。いったい乗客の誰が原因で嵐が起きているのか調べるためクジを引くと、預言者ヨナが大当たりしました。

乗客たちはヨナが船に乗っている理由を知っていたものですから、恐怖します。ヨナは皆を救うため、自分を海に放り込むよう勧めます。乗客たちが言われた通りにすると、たちまち嵐は鎮まります。

一方、ヨナは巨大な魚に呑み込まれ、魚の胃袋の中で３泊４日を過ごします。そのあいだ、ヨナは懸命に神に祈り、外に出してもらえたら必ず任務を果たしますと誓います。

ニネヴェの改心

魚から吐き出されたヨナは、誓い通りニネヴェに向かい、その都市の滅びを預言して回ります。すると、ニネヴェの住民たちは王を含めて大反省し、神は彼らに天罰を下すのを中止します。ヨナは**「こうなるとわかってたよ！　だから任務を果たしたくなかったんだ！」**と神に向かってブチギレます。そして、ニネヴェの景色が見える高い山に登り、ニネヴェが滅ぶのを待ち続けます。

～ヨナ書～

ピノキオ

児童文学の古典『ピノッキオの冒険』。アニメや映画になり、マリオシリーズのキャラクター「キノピオ」の元ネタになったりした名作ですが、この作品にも聖書に由来するシーンが登場します。

主人公である操り人形のピノキオは、勉強もせず家を飛び出し、遊びほうけて自堕落な生活を送ります。途中でコオロギを殺したり、詐欺師たちに騙されたり、ロバになってしまったり。もう散々です。

そしてサメに呑み込まれ、その中でようやく改心して、最終的には立派な人間の子供になるのです。ピノキオを探してサメのお腹にいたおじいさんとの再会シーンや、ピノキオが人間になるシーンは、涙なしでは観られません。

明らかにこの作品は、預言者ヨナが元ネタです。昔の児童文学は基本的に子供への教訓を与えるため書かれるものでしたから、教訓の集大成である聖書を元ネタにしたのは、当然と言えるでしょう。

ヨナの気持ち

どうしてヨナさんは怒ったんでしょうか～？
みんなが死ななくて済んだのはいいことなのに～。

そりゃそうだけど、ぶっちゃけ自分の預言が外れたら恥ずかしいよな。
オオカミ少年みたいになっちゃうだろうし。

まさにそれよね。
預言者の預言が当たらないなんて信用問題だし、ニネヴェの人たちからは笑いものにされるかもしれない。

せっかく決死の覚悟で任務に来たのにそんな結果じゃ、ヨナとしても納得できないでしょう。

でもでもっ、ニネヴェの人たちだって本当は悪い人じゃなかったわけですし！

一瞬で改心したってことはそういうことね。

竜王の「世界を半分こ」の元ネタ

ドラクエの名シーン

『ドラゴンクエストⅠ』のラスボス戦。長い長い冒険の果てに勇者が竜王のところにたどり着くと、竜王が**「仲間になれば世界の半分をやろう」**と誘惑してくるシーンがあります。

竜王はドラゴンであり、ドラゴンは聖書において悪魔の王サタンを意味します。そして、このシーン自体が聖書を元ネタにしているのです。聖書におけるそのシーンは俗に**「荒野の誘惑」**と呼ばれ、様々な絵画のテーマとなっています。

荒野の誘惑

それは、イエス・キリストがバプテスマのヨハネからバプテスマを受け、人間界での任務を始めようとしていたときのこと。イエスは聖霊によって荒野に導かれ、四十日四十夜の断食を行います。

すると、悪魔が現れ、**「あなたが神の子なら、石をパンに変えてみなさい」**と誘惑します。もちろんイエスにとってそのくらいは簡単なことでしたが、異能を自分の利益のために使うのは、許されないことでした。イエスは**「人はパンのみによって生きるのではなく、神の言葉によって生きる」**と聖句（＝聖書の言葉）を引用し、悪魔の誘惑を退けます。

次に悪魔はイエスを高いところに連れて行き、**「ここから飛び降りなさい。聖書には、必ず天使が助けると書いてあるから」**と聖句を引用して誘惑します。イエスは**「神を試してはならないとも書いてあります」**と聖句を引用して拒絶します。

最後に、悪魔は世界中の国々とその栄光をイエスに見せ、**「あなたが私を拝むなら、世界をすべてあなたに与えよう」**と誘惑します。世界の支配者は悪魔ですから、悪魔にはそうする力がありました。

しかしイエスは**「神以外を拝んではならないと聖書にある。立ち去れ、サタンよ！」**と言って悪魔を追い払います。

～マタイ4章～

「四十日四十夜」の不思議

「荒野の誘惑」のエピソードにおいて、イエスは四十日四十夜の断食を行いました。この「四十日四十夜」という期間は不思議です。

なぜなら、モーセが律法を授かるあいだシナイ山に留まって断食を行ったのも四十日四十夜ですし、ノアの大洪水が続いたのも四十日四十夜ですし、ヨナの預言を受けてからニネヴェが滅ぶまでの期間も四十日でした。また、イスラエル人が神の怒りを買って約束の地に入れず、罰として荒野をさまよったのも四十年間でした。

【誘惑】 欧米の価値観を理解する上で大切な要素は、「誘惑」という概念でしょう。それは人間の道に反したことをするよう誘われる……という意味ではなく、「神に反逆するよう誘われる」ことを意味します。そしてゲーテの『ファウスト』におけるメフィストフェレスがそうであるように、欧米の作品において悪魔は「誘惑者」として登場するのです。

悪魔との契約

ボクと契約して魔法少女になってよ？

そういう感じだなー。
悪魔を拝むのは明らかに契約っぽいし。

間違いなく契約ね。
イスラエル人は聖書の神を拝むという契約をしていたから、『契約の民』とも呼ばれていたわ。

自分の神様を選ぶのは契約なんですねー。

そう。これも一神教の面白いところだけど、誰でも拝めばいいってわけじゃないのよ。どの神を拝むか選ばないといけない。

つまり、神との専属契約を結ぶわけね。

契約のキャンセルはできないのか？

もちろんできるわ。
神側にキャンセルされたら、加護を失って大変なことになったけどね。

裏切りのイスカリオテ

信頼されていた十二使徒

イスカリオテのユダは、イエス一行の会計管理を任されるほど信頼されていました。十二使徒ですから、弟子たちの中では最上級クラス。しかも十二使徒には元税務署職員のマタイもいたのに、お金の管理はユダに任されていました。

信頼され、能力も高いユダでしたが、途中からおかしくなっていきます。イエス一行の資金を度々くすねるようになったのです。イエスはユダの横領に気付いており、やんわりと彼を叱りつけます。

師匠を売り渡す

イエスのことを嫌いになったユダは、イエスのことを殺したいほど憎んでいるユダヤの祭司たちのところへ行き、師を売る相談を始めます。イエスを熱狂的に支持している庶民たちに邪魔されないようこっそり師匠を売り渡せば、銀貨30枚をもらうという約束を取りつけます。それは奴隷1人と同じ値段でした。

裏切りの夜

最後の晩餐のとき、イエスはユダが自分を裏切ろうとしていることに気付いており、**「早く行って仕事を済ませなさい」**とユダに勧めます。ユダはその場を立ち去ります。

晩餐のあと、イエスと使徒たちが夜道を歩いていると、ユダが暴徒を引き連れて近づいてきて、イエスの頬にキスをします。そのキスは、売り渡すターゲットを暴徒たちに教えるためのキスでした。イエスは暴徒たちに捕まり、最初から死刑の決まっている裁判に送り込まれます。

壮絶な死

イエスを売ってしまったあとにユダは後悔し、祭司たちに銀貨を返そうとします。ですが、祭司たちは相手にしません。ユダは銀貨を聖域に投げ込むや、木で首を吊ります。ですがその縄が切れ、墜落した岩で体が張り裂け、内臓をすべて注ぎ出して息絶えます。

～マタイ26章～

裏切りの十二使徒

裏切り者としてはイスカリオテのユダが有名ですが、裏切ったのはユダだけではありません。むしろ、イエスが逮捕されたときは、十二使徒全員がイエスを裏切り、見捨てて逃げ去っていきました。ただし、ペテロだけは、イエスを捕まえようとする暴徒の耳をナイフで切り落とすほどの奮闘を見せました。

ですが、イエスはその耳を治癒能力で治します。なぜならイエスが捕まることは聖書の預言が実現するために必要だったからです。イエスはいつでも天界の軍勢を召喚することだってできたのです。イエスがうさんくさい裁判に連れて行かれると、ペテロもその現場に侵入します。しかし、暴徒が「お前はイエスの弟子だよね？」と問い詰めると、怖くなってしまって、「あんな人のことは知らない！」と3度も否定します。

【イスカリオテ機関】 漫画『HELLSING』に登場する、ヴァチカン所属の特務機関。もちろん、イスカリオテのユダが元ネタです。

人員補充

十二使徒が十一使徒になっちゃったわけか～。
なんか収まり悪い数字だよな。

大丈夫、すぐに12人に戻ったわ。
ペテロがもう1人補充しなきゃって言い出して、クジで新しい人を決めたのよ。

クジで!?
すごい適当だな!?

そうでもないわ。
古代イスラエルの大祭司も「ウリムとトンミム」っていうクジを持っていて、それを使って神の意志を確かめたりしてたのよ。

そういや、おみくじも神意を知る道具だな。

それじゃあ、これからはなんでもクジで決めることにします～。

それもどうかと思うぞ？

「目から鱗が落ちる」の元ネタ

パリサイ派の迫害者

イエスの死後、初期キリスト教会は勢力を伸ばしていきましたが、同時にユダヤ教の勢力から凄まじいバッシングを受けました。**ステファノ**という弟子は天使のような顔をしており、数々の奇跡で人々を驚かせました。そしてあまりにも旧来のユダヤ教を真っ向から批判しすぎたせいで、ユダヤ教の勢力から石打ちにて処刑されます。

この処刑を**パウロ**という男性も手伝っていました。パウロは熱心なパリサイ派の人間で、クリスチャンを皆殺しにするための許可証をわざわざもらいに行くほどでした。そのくらいキリスト教を憎んでいたのです。

キリスト出現

しかし、クリスチャンたちを根こそぎ狩りに行く途中で、天から光が射し、強烈な輝きにパウロは倒れます。天界からイエスの声が響き渡り、**「パウロ、パウロ、なぜ私を迫害するのか」**と問いかけます。パウロは視力を失ってしまい、同行者に連れられてダマスカスという町にたどり着きます。

目から鱗が落ちる

ダマスカスには、**アナニヤ**という弟子が住んでいました。イエスが幻でアナニヤの前に現れ、**「パウロに会いに行きなさい」**と命じます。アナニヤはパウロがクリスチャン殺しだということを知っていたので怖がりますが、イエスは**「あの人は、異邦人や王たちに私の名を伝えるため、私が選んだ者である。私の名のために彼がどんなに苦しまなければならないかを、彼に知らせよう」**と言います。

アナニヤは命令に従ってパウロに会いに行き、パウロの頭に手を置きます。すると、パウロの目から鱗のような物が落ち、パウロは再び目が見えるようになったのです。そして、キリストを信じるようにもなりました。

パウロは悟りを開いたかのように熱心なクリスチャンとなり、自らが迫害される側となります。これが、**「目から鱗が落ちる」**という言葉の由来です。

～使徒８章‐９章～

石打ち

少し前にTwitterで流行したコピペ「～したことがない者だけが石を投げなさい」をご存じでしょうか。

これの元ネタは新約聖書です。不倫の罪で捕まった女性が連れて来られたとき、イエスが「罪を犯したことがない者だけが彼女に石を投げなさい」と告げたエピソードが元になっています。古代イスラエルでは、死刑判決が下りた罪人に複数の人間が石を投げつけることで処刑する「石打ち」が慣わしでした。まずは裁判の証人が石を投げ、それから他の住人たちがみんなで石を投げつけて犯罪者を殺していました。

【弟子】イエスの死後の歴史を描いた使徒行伝では、たくさんの弟子たちが出てきます。しかし、それらの弟子たちは、必ずしもイエスに会ったことがあるわけではありませんでした。孫弟子やひ孫弟子、さらには遠い伝聞で弟子になった者たちも、同じように「弟子」と呼ばれていたのです。彼らは誰一人も師と呼ばれず、イエスのみを師と考えていました。

改宗者パウロ

パウロの変わり身の速さ！

大変身ですね～。

まあ敵方のラスボスに乗り込まれて顎をひねられて「お、なにしてんだコラ？」って怒鳴られたようなものだからね。

そのたとえはいったいなんなんだ……。

そもそもパウロはユダヤ教のために異端者たちを皆殺しにしようとしていたくらい情熱的だったから、クリスチャンになったあとも凄まじい情熱だったのよ。

だからスカウトされちゃったってわけね。
ローマ市民でもあったし、頭も良かったし。

けど、元からのクリスチャンたちは警戒しただろうなー。

第五部

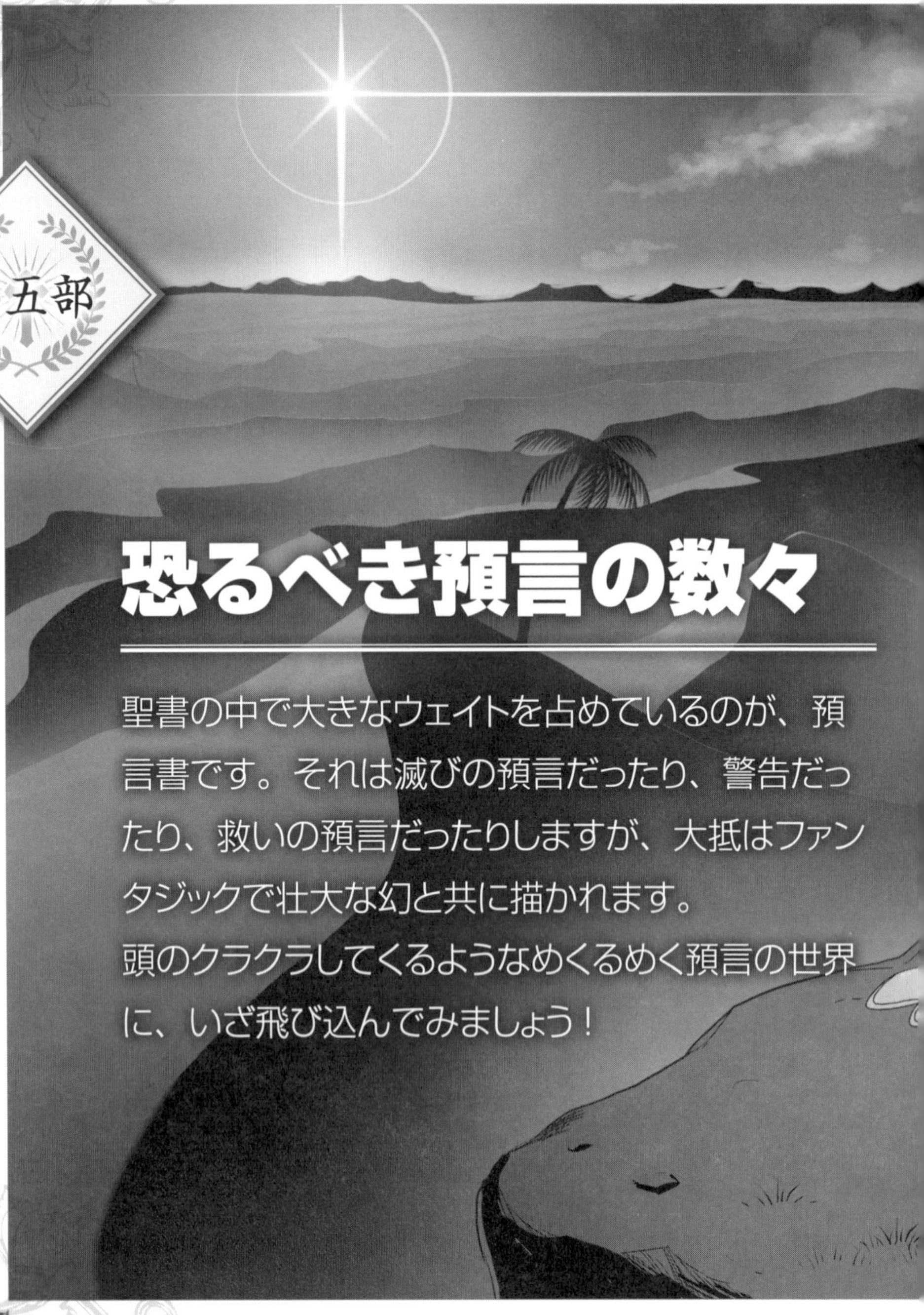

恐るべき預言の数々

聖書の中で大きなウェイトを占めているのが、預言書です。それは滅びの預言だったり、警告だったり、救いの預言だったりしますが、大抵はファンタジックで壮大な幻と共に描かれます。
頭のクラクラしてくるようなめくるめく預言の世界に、いざ飛び込んでみましょう！

エルサレムの滅び

神聖都市エルサレム

古代イスラエル王国の**王都エルサレム**は、神によって祝福された古代都市でした。そこには壮麗な神殿があり、王宮があり、水路や天然の要害を備え、安寧と繁栄を極めた聖地だったのです。

しかし、契約の民である古代イスラエル人が神との契約に反して淫行や偶像崇拝を続けるにつれ、神はエルサレムをソドムとゴモラのように滅ぼそうと考えるようになっていきます。

ヒゼキヤ王への予言

南のユダ王国のヒゼキヤ王は良い統治者であり、神の恵みを多く受けましたが、あまりにも人生が上手く行きすぎたせいで調子に乗るようになりました。なんと、バビロンから快気祝いの使節が訪れたとき、自分の国の繁栄っぷりを思うさま自慢したのです。宝物庫や武器庫まで見せ、バビロンの使節に見せなかったものはありませんでした。預言者イザヤはヒゼキヤ王に**「将来、バビロニアはユダ王国の富を持ち去り、あなたの子孫のキンタマをもぐだろう」**と預言します。ヒゼキヤ王は**「まあ……私が死んだあとなら別にいいです」**と答えます。

イザヤの預言通り、西暦前 607 年にエルサレムは滅ぼされ、ユダ王国の人々はバビロンへ流刑になります。

壊滅の預言

それからユダヤ人たちはペルシャやギリシャの支配を受けましたが、ローマ帝国が治める時代に、イエス・キリストが生まれました。イエスはエルサレムの壊滅を預言し、**「エルサレムが軍隊に包囲されるのを見たら、山に逃げよ。その日、子供を持っている女は災いである」**と告げます。

その預言通り、西暦 70 年にエルサレムはローマ帝国軍によって包囲されました。イエスの弟子たちは預言に従って山に逃げたため無事でしたが、市内に残っていたユダヤ人たちは、恐るべき破滅を遂げることになるのです。

〜列王記下 20 章、ルカ 21 章〜

エルサレムの悲惨な最期

西暦 70 年、ローマ帝国に包囲されたエルサレム市内は、凄惨を極めました。対立する勢力同士で殺し合い、食糧不足が生じ、酷い空腹に苦しんだ女性が自分の産んだ赤ん坊を煮て食べるほどでした。ローマ軍はエルサレムの城壁も住宅街も神殿も破壊し尽くし、ユダヤ人をエルサレムから追い出しました。この戦いでは 110 万人の命が失われました。

以後、ユダヤ人は長い年月、世界を流浪する民となります。その一部は日本に渡って日本人の祖先となったとする説「日ユ同祖論」も存在します。ただ、この説は主流派からは異端であると考えられています。

【エルサレム症候群】 エルサレムを訪れた旅行者がかかる精神病の一種。3つの宗教の聖地である神聖都市の空気や熱に当てられ、「自分はメシアである！」などと言い始める病気です。それほどまでにエルサレムという聖地が与える影響は大きいのでしょう。ちなみに、治療法は「エルサレムから離脱すること」です。

科学だけじゃ

精神病、ねえ……。
これって単純にエルサレムがとんでもないパワースポットってことじゃないのか？

私たちの目から見るとそうなるわよね。
まあ、科学者や医者というのは超常現象の存在なんて認めないから……。

ちゃんとわたしたちみたいに魔女もいるのにー。

ただ、今でも幾つもの勢力がエルサレムの所有権を争っていることからしても、人間がそんな科学や論理で割り切れる生き物じゃないってことがわかるわよね。

聖地の扱いは難しいよなぁ……。
3つの宗教の聖地とか、どんだけ競争率が高いんだって話だ。

あの都は聖書のメイン舞台の1つだからね。

ネブカドネザル王の狂気

不思議な夢

ユダ王国を征服し、強大な新バビロニア王国を支配していた**ネブカドネザル王**は、あるとき夢を見ます。それは天を貫き地を覆うほどに巨大な樹の夢でした。

葉は美しく、実は豊かで、あらゆる人間がそこから食物を手に入れ、鳥も獣もその巨樹に暮らしていました。しかし、大空から天使が降臨し、呼ばわります。**「この木を切り倒し、枝も葉も取り払いなさい。切り株だけを地に残し、鉄と青銅の枷をかけて、野に晒し、獣の心を与えなさい。これは、神が真の王であり、誰でも好きな者に王権を与えることができるということを示すためである」**と。

言いづらい解き明かし

ネブカドネザル王は国の魔術師たちを呼び寄せて夢占いを頼みますが、誰も夢を解き明かすことができません。こうなったら国１番の魔術師、賢者の長ダニエルの出番です。

ダニエルはすぐに夢の意味を理解しますが、なかなか言い出せません。なにせ、それはネブカドネザル王に生じるとんでもない災いを予言した夢だったからです。しかしネブカドネザル王はダニエルにせがんで、意味を教えてもらいます。神はネブカドネザル王の傲慢さと悪行に怒って、天罰を下そうとしていました。

始まる狂気

そして、預言通りの災いが起こり始めます。ネブカドネザル王が宮殿の屋上を歩きながら**「このスゲー国を作った俺スゲー」**と鼻高々になっていたとき、天から裁きの声が響き渡り、ネブカドネザル王は狂気に襲われたのです。彼は王位から追放され、獣のように野で草を貪り、爪は鳥のように長くなりました。

ネブカドネザルの改心

預言の期間が過ぎたあと、ネブカドネザル王が天を仰ぐと、彼に正気が戻っていきます。ネブカドネザル王は王位に戻り、神の力の凄まじさを国中の者たちに知らせるようになります。

～ダニエル４章～

賢者と魔術師

ダニエルは賢者の長と呼ばれることもあり、魔術師の長と呼ばれることもあります。東方の三賢者はマギと呼ばれますが、最近ではマギという単語は魔法使いに関連して用いられることが多いようです。結局、彼らは魔術師なのでしょうか、それとも賢者なのでしょうか。

答えは「どちらでもある、むしろその２つは同じ存在」です。古代では学問とオカルトは密接に結びついていました。ファラオの時代のエジプトでは占星術師がナイル川の氾濫時期を言い当てて活躍しましたが、彼らは優秀な天文学者だったのです。

また、錬金術は現代人の目からはうさんくさくオカルトに見えますが、かの高名な学者ニュートンも晩年にはドハマリしていましたし、当時は立派な学問の１つでした。古代における知識とは、神々や魔に通ずる者たちが研究し、そして独占していたのです。その証拠に、中世ヨーロッパではキリスト教会が聖書を独占し、決して庶民に読ませないようにしました。誰もが情報にアクセスできれば、権力構造が崩れるからです。

時代の変化

そういや、私たちっていつの間にか主流派じゃなくなっちゃってたんだよなー。

科学がオカルトを切り離して独自の発達を始めてからかしら。
すべてが理屈通りになるってわけでもないのにね。

「神は死んだ」って言ってたおじさんもいました～。

ニーチェの言葉ね。
ただ、今でも宗教のせいでたくさん戦争が起きてるし、テレビでは毎日占いが発表されるし、本当にオカルトが力を失ったとは思えないわ。

アイスランド人なんて国民の60パーセント以上が妖精の存在を信じてるし、最高裁も妖精の存在を認めたしね。

わー、なんだか嬉しいです～。

メネ・メネ・テケル・ウパルシン

ペルシャザル王の宴

ネブカドネザル王にはナボニドゥス王という息子がおり、ネブカドネザルの孫**ベルシャザル**はその共同支配者となっていました。

ある夜、ベルシャザル王は大臣1000人と自分の妻やそばめたちをはべらせ、盛大なパーティを開催します。酔いが回ってくると悪ノリし始め、エルサレムの神殿から奪った金銀の器を持ってくるよう命じます。神殿の道具を使って酒を飲み、異教の神々を褒め称え始めます。

……はい、この辺りでもうオチが読めましたね。フラグ立てまくりです。

神の指

ベルシャザル王たちが飲めや歌えやの大騒ぎをしていると、突然、空中に人の手の指が現れます。それは宮殿の塗り壁、そのもっとも目立つところに文字を書いていきます。王は驚愕して魔術師たちを呼び集めます。解き明かしをすれば紫の服を着せて国の第3の長にすると約束しますが、誰もその意味を明かすどころか読むこともできません。王が悩んでいると、王妃が**「ネブカドネザル王がひいきにしていたダニエルって人がいますよ。あの人なら意味がわかるはずです」**と推薦します。

解き明かし

ダニエルは宮殿に呼ばれると、すぐにその文字を読んでみせます。そこには、**「メネ、メネ、テケル、ウパルシン」**と書かれていました。これはいずれも量りや通貨の単位であり、言葉通りだと**「1ミナ、1ミナ、1シェケル、そして半シェケル」**という意味になります。

ですが、そこにはもっと恐ろしい意味が含まれていました。「メネ」は、**神がベルシャザル王の治世を数えて終わりに至らせたこと。**「テケル」は、**ベルシャザル王がはかりで量られて、王位に値しないと判断されたこと。**「ウパルシン」は**バビロニアがメディア人とペルシャ人に分け与えられること**を意味しました。

縮み上がったベルシャザルは、約束通りダニエルを王国第3位の長に任命しますが。が、その夜のうちに殺され、預言通りの破滅を迎えます。

～ダニエル５章～

聖書の単位

聖書に出てくる通貨や重さなどの単位では、形を少し変えて現代でも使われているものが結構あります。

たとえば、線維の太さを示す単位デニール。ストッキングや網タイツを好む紳士なら馴染み深い単位ですが、これは聖書中の単位「デナリ」の読み方を変えただけの言葉です。

また、通貨の単位として聖書に出てくる「タラント」は、英語の「タレント（才能）」の語源です。日本では芸能人を示す単語として使われますね。

このエピソードにも登場したシェケルは、現代でもそのままイスラエルの通貨として用いられています。

また、聖書の中で重さを表す単位だった「ポンド」は、現代もヤード・ポンド法の国々では普通に使われ、イギリスでは通貨の名前にもなっています。

どんなに時代が変わっても、聖書の時代から綿々と受け継がれる文化は、決して途絶えていないのです。それは文化の遺伝子、民族の遺伝子とも言えるでしょう。

色と身分

ダニエル、紫の服を着せられちゃったのかー。これがお仕着せって奴だな。
あんなオバサンっぽい色の服を……。

えー、でもでも、なんか高そうな雰囲気はありますよねっ。

実際、あの時代は紫の染料が物凄く高かったから、紫の服なんて高貴な身分の人しか着られなかったのよ。

紫に高そうなイメージがついたのは、そのせいなのかもしれないわね。

日本にも色で身分を表す制度があったんだっけ？

冠位十二階の制度ね。
あの制度では、紫はたいして高位を表してなかったけど。

でも、日本でも昔は紫の染料が高かったのは同じよ。

イスラエルを救うキュロス王

イザヤの預言

ユダ王国の預言者イザヤは、自国民が堕落していっていることをソドムとゴモラのようだと批判し、いつかユダ王国がバビロンに滅ぼされると預言しました。それだけではなく、バビロニアからユダヤ人を救出する人物が現れることも告げました。

その人物は、まだ生まれてもいなかったのに名指しで**「キュロス」**であると預言されています。そして、**「私はあなたの前に立って諸々の山を平らにし、青銅の扉を壊し、鉄のかんぬきを切断し、隠し所の宝物を与える」**と予告されています。また、キュロスは神の目的をことごとく成し遂げる、とも預言されていました。

バビロンの滅び

イザヤの預言通り、新バビロニア王国はキュロス率いるペルシャ軍に滅ぼされます。王都バビロンの周りは立派な城壁で囲まれ、深い堀もあったのに、まるで「青銅の扉を壊し、かんぬきを切断」してしまったかのように、ペルシャ軍はやすやすとバビロンに侵入することができました。これはバビロンに内通者がいたせいではないかと思われます。

イスラエルの復興

キュロスが統治するペルシャ帝国は、新バビロニア王国に比べて寛大でした。恐らくはユダヤ人たちから聞いたものと思われますが、キュロス王はイザヤの預言を知っており、自分がバビロニアを征服したのは神の加護のお陰であったと考えていました。

そのため、残りの預言も実行せねばいけないと考え、ユダヤ人たちに命令を出します。バビロンを出て、エルサレムに戻り、神殿を建て直すよう命じたのです。キュロス王はバビロニアがエルサレムから奪った財宝をユダヤ人たちに返すことまでします。

～イザヤ44章・45章、エズラ1章～

ペルシャ帝国

新バビロニア王国の次にメソポタミア地方を支配し、広大な版図を作り上げた帝国。異民族を解放し、各地に総督を置いて自治を進めさせました。

ペルシャ帝国の支配者はユダヤ人に好意的で、たとえば聖書の著者の1人であるエズラはアルタクセルクセス王のソムリエでしたが、王からユダの総督に任命されました。また、やはり聖書の著者である祭司エズラも、王から厚意を示されました。

このように、寛大な精神で被征服民を治めたペルシャ帝国は、200年の永きにわたって泰平の世を築きました。

【イザヤ】ライトノベル『デュラララ!!』の大人気キャラ・折原臨也の名前の由来にもなった預言者イザヤ。最終的にはユダの王マナセの怒りを買い、体をノコギリで切り裂かれて死にました。もちろん、のちに天罰が下り、マナセ王は足枷で繋がれてバビロンへ流刑にされます。

【アレクサンドロス大王】古代マケドニアの英雄王。聖書の中で活躍が預言されていたため、聖書の民ユダヤ人をひいきしました。

天才たち

ユダヤ人って……王様たちから気に入られすぎじゃね!?

ですよねー。
旧約聖書のヨセフさんもファラオさんに好かれてましたしー。

それだけユダヤ人には優秀な人が多かったのよ。
20世紀最大の天才であるアインシュタインだってユダヤ人だしね。

ノーベル賞をもらってるのも、5人に1人がユダヤ人よ。

これはもしや……ユダヤ人の陰謀!?

原因は遺伝と環境よね。
ユダヤ人はずっと世界中に離散して、国土を持たない民だったの。

そうなると、教育で競争力をつけるしかないから、どんどん優秀になっていくのよ。

奇怪なエゼキエルの幻

天界を見た預言者

バビロン捕囚に連れて行かれた**エゼキエル**は、ケバル川のほとりにいたとき、天が開けて幻を見ます。その幻は、壮大な天上世界の光景でした。

激しい風と炎と雲が舞い踊る中、４人の高位天使『**ケルブ**』が立っています。彼らはそれぞれが４つの顔と４つの翼を持っていました。前には人の顔、右にはライオンの顔、左には牛の顔、うしろにはワシの顔です。ケルブたちの体の中には炎の塊が行き巡っています。

それぞれのケルブの隣には、ケルブと同じくらい大きなリングがありました。リングの中にはもう１つのリングが入っており、エメラルド色のダブルリングになっています。そして、リングの輪郭には無数の目が並んでいました。それぞれのケルブが移動をすると、それに伴って、リングが浮遊移動します。

ケルブたちの上空には王座があり、光り輝く神が座っていました。神の周りには強烈な光が満ち、その光は虹のようでした。預言者エゼキエルは恐ろしくなってしまい、その場に伏せます。

幽体離脱体験

また別の日、預言者エゼキエルが自宅でユダの長老たちと一緒に座っていたときのこと。天使が現れてエゼキエルの髪の毛を掴み、意識だけを引きずり出してエルサレムに運んで行きます。

そこでは、ユダヤ人たちが異教の偶像を拝んだり、香を捧げたり、東に向かって太陽を拝んだりしていました。天使は預言者エゼキエルに神の怒りを告げます。

惨劇の預言

天使は６人の処刑人を召集します。神は筆記用具を持っている天使を呼び、**「正しい人間の額だけには印をつけて、残りは皆殺しにしなさい」**と命じます。すると、処刑人たちはエルサレムに入り、老若男女を虐殺します。

～エゼキエル書～

幻とは？

聖書で登場する預言の授けられ方には４種類あります。神の声が聞こえるか、天使が降臨してメッセージを伝えるか、意味深な夢を見るか、奇妙な幻の中で伝えられるかです。

このうち、夢と幻の違いとはなんなのでしょうか。簡単に言うと、夢は眠っているあいだに見るもので、幻は起きているときに見るものです。聖書において、幻は預言者が見ることが多く、予知夢は異邦人が見ることが多いようです。この幻は幻覚とは違い、神の力の影響で見せられるものだとされています。

【エルシャダイ】「そんな装備で大丈夫か？」の台詞で有名になったアクションゲーム。旧約聖書が元ネタになっており、主人公は『創世記』に出てくるエノクが元ネタです。エゼキエルも敵の堕天使として登場します。他にもネフィリムやルシフェルなど、聖書由来のキャラクターが出てきます。

【純潔のマリア】主人公マリアを監視するため大天使ミカエルから遣わされた天使の名前も、エゼキエルです。

誰も寝てはならぬ？

キャスパは……もしバルタが死んで、偉い人から絶対に泣くなって命令されたらどうする？

ええっ!?
そんなの無理ですようっ！

エゼキエルは奥さんが亡くなったとき、神から「泣いてはいけない」って命令されたのよね。

なんでそんな無茶な命令を……？

お仕事の一貫よ。
ユダヤ人たちに彼らの大事なエルサレムが失われることを預言するため、そういうパフォーマンスをしなきゃいけなかったの。

バルタちゃんがっ死んだらっ……わたしっ……えぐえぐ……。

私は生きてるから！
そんな泣くなよなー、もー。
……ふふっ。

黙示録の壮大な預言

聖なる子羊

黙示録の第５章で、筆者のヨハネは王座に神が座っている光景を見ます。その右手には封印された巻物があり、裏にも表にも文字が記されていました。天使が**「巻物を開いて封印を解く者はいないか」**と大声で皆に尋ねますが、誰も適任が見つかりません。

すると、７つの角と７つの目を持つ子羊が現れ、神から巻物を受け取ります。ケルブたちと、24人の長老、そして天使の大軍勢は、子羊に身を屈めます。その子羊は、人間界で生け贄となったイエス・キリストでした。

７つの封印

子羊が巻物の封印を解くと、ケルブたちが**「来なさい」**と呼びます。その呼び声に応え、１つの封印が解かれるたびに、人間界に災いが降り注ぎます。

- **第１の封印：**弓を持つ王者が白馬に乗って現れ、戦いのため走り出します。
- **第２の封印：**火のように赤い馬に乗った戦士が現れ、人間界の住民たちに殺し合わせることで、平和を奪い去ります。
- **第３の封印：**黒い馬に乗った者が現れます。その者は手に量りを持っており、人間界に飢饉をもたらします。
- **第４の封印：**青ざめた馬が現れます。それに乗っている者の名は「死」であり、うしろに「ハデス」が付き従っています。「死」には人間界の４分の１を殺す権利が与えられます。
- **第５の封印：**過去に悪人に殺された善人たちが、復讐を叫び求めます。彼らは白い衣を与えられ、「死者の数が満ちるまで休んでいなさい」と言われます。
- **第６の封印：**巨大な地震が起こります。太陽が黒くなり、月が血に変わり、天の星が地上に墜ちます。天は消えてなくなり、すべての山と島が移ります。人間界のあらゆる者たちは洞穴や岩のあいだに隠れ、怯えます。
- **第７の封印：**７人の天使がラッパを吹くたびに、災いが降り注ぎます。地上の３分の１が焼け、海の３分の１が血に変わり、昼の３分の１が光を失います。

～黙示録５章－９章～

黙示録とは？

聖書最後の本であり、もっとも強烈な預言書が、黙示録です。イエスの最愛の弟子ヨハネが書いたものですが、その中には人類の終末に関する預言がたくさん記されています。英語では「アポカリプス」と呼ばれ、『X-MEN: アポカリプス』という映画のタイトルに使われています。また、人類滅亡後を描くフィクションのジャンルを「ポストアポカリプス（黙示録のあと）」とも呼びます。

【ハデスとゲヘナ】 聖書では「ハデス」と「ゲヘナ」という２つの「死者が行く場所」が登場します。ハデスに行った死者は生き返るチャンスがありますが、ゲヘナに行くと完全に焼き尽くされ、二度と復活できません。ゲームでいうなら、ハデス行きは戦闘不能、ゲヘナ行きはロスト、といったところ。ハデスはギリシャ神話における冥界の神の名前でもあります。ゲヘナはエルサレム近くにあった「ヒンノムの谷」に由来しています。ヒンノムの谷では、死体やゴミを燃やすため常に火が燃やされていました。まさに永遠の業火に焼かれる地獄のイメージですね。

恐怖の魔獣

このシーンには、とんでもないバケモノが登場するの……。

いや、とんでもないバケモノしか出てきない気がするんだが！
ハデスとかいたし！

子羊が第７の封印を解いて、第５の天使がラッパを吹き鳴らしたあと、底知れぬ深みから「アバドン」が現れたのよ。

名前は知ってます！

それは、イナゴのバケモノだったの……。
頭に黄金の冠を被り、人間の顔をしていて、ロン毛で、牙が鋭くて、胸当てをつけていて、サソリの尾と針があるの……。

バケモノ以外の何者でもないな！
ていうか盛りすぎだろ！

お知り合いにはなりたくないですー……。

世界が滅びる刻

刈り取り

黙示録の 14 章で、いよいよ終わりの始まりです。白い雲の上にイエス・キリストが座っています。イエスは金の冠を被り、手には鋭い鎌を持っていました。

天使が聖域から出てきて、イエスに告げます。**「鎌を地に突き入れて、ブドウを刈り取れ」**と。イエスと別の天使は人間界に鎌を投げ入れ、ブドウを狩り集めます。絞り場でブドウを踏みにじると、そこから大量の血が溢れ出します。

怒りの 7 つの鉢

7 人の天使が 7 つの災いの入った鉢を持っています。天使たちが鉢を人間界に傾けると、人間界に次々と災いが襲いかかります。

悪人たちに悪性の腫瘍ができ、海が血に染まり、海の生物が死に絶えます。鉢を太陽に傾けると、太陽から炎が噴き出して人間たちを焼きます。鉢を空中に傾けると、稲妻と地震と大きな雹が人間たちを襲います。

鉢をユーフラテス川に傾けると、ドラゴンと獣の口、そして偽預言者の口から、カエルのような姿の汚れた霊が出てきて、全世界の王たちを呼び集めます。ドラゴンはもちろん、悪魔を意味しています。

ハルマゲドン

そして、**「メギドの丘（ヘブライ語でハルマゲドン）」**に人間の王たちと軍勢が集まります。彼らの指揮を執っているのは悪魔サタンです。彼らは神と戦って勝利を収めようとしていました。最終戦争です。

すると天界から、白馬に乗ったキリストが現れます。その服には**「王の王、主の主」**と記され、頭には多くの冠があります。目には炎が燃え、口からは鋭い剣が突き出しています。

キリストは天界の軍勢を率いて悪魔と人間の軍勢に襲いかかります。666 の数字を操る獣を捕らえて地獄に叩き込み、悪い人間たちを剣で殺し尽くします。太陽の中に立っている天使の命令に従って鳥たちが集まり、殺された人間たちの死体を飽きるまで貪ります。

終わりの時

聖書に出てくる最終戦争は「ハルマゲドン」と呼ばれますが、世界の神話には他にも様々な「終わりの時」が登場します。

たとえば、北欧神話では「ラグナロク」という最終戦争が起きるとされ、神々の壮絶な戦いのあと、天界で善人が暮らすようになります。

また、最終戦争というわけではありませんが、仏教にも「末法思想」というものがあり、「世も末だ」という言葉はこの思想に由来しています。

さらにいえば、科学の分野でも「宇宙の熱的死」によって世界は滅びると考えられています。

世界に終わりがあるという考え方は、どうも人類にとって不思議な魅力があるようです。

【アルマゲドン】ブルース・ウィリス主演のSF映画。小惑星の激突による滅亡の危機が人類に迫ります。もちろん聖書のハルマゲドンが元ネタです。
【メギドフレイム】様々なゲームで魔法や技の名前として使われますが、黙示録の「メギドの丘」が元ネタです。

選別の基準

「第1回! なんで人類はハルマゲドンで滅ぼされなきゃいけないのか」会議一っ!

なんだそのノリは……。

だって、可哀想じゃないですかー。
ブドウみたいに踏まれて殺されたり、剣で皆殺しにされたりするなんてっ。

別に皆殺しってわけじゃないのよ。
ハルマゲドンは悪人を滅亡させるための戦争であって、善人はちゃんと生き残るようになってるんだから。

ぜ、善人しか生き残れないだと……?

バルタちゃんは良い魔女だから大丈夫です!

魔女は神の敵扱いだから皆殺しだけどね~。

ぴいいいいいっ!?

奈落に堕とされる悪魔

悪魔の封印

ハルマゲドンのあと、天使が奈落の鍵と鎖を持って天から降りてきます。さすがの強力なドラゴンも、この天使には逆らうことができません。天使は力ずくでドラゴン（悪魔サタン）を縛って奈落に投げ込み、入り口を閉じて、1000 年のあいだ封印します。

千年王国

天界にはたくさんの王座があり、そこに死者が座っています。それは、666 の獣の刻印を受けることなく、正しく生き続けた人々でした。

彼らは生き返って、1000 年のあいだ、キリストとともに世界を支配します。この国を一般に**「千年王国」**と呼びます。1000 年も実質的支配を続けた王国など存在しませんから、これはとてつもなく長期の政権となります。

ゴグとマゴグの戦い

1000 年ののちに、ドラゴン（悪魔サタン）が奈落から解放されます。悪魔は**「ゴグとマゴグ（世界中の悪人たち）」**を惑わし、神への最後の戦いへと狩り集めます。集まった軍勢の数は、海の砂粒のようです。

悪魔、そしてゴグとマゴグは、善人たちの都を包囲します。すると、天から神の炎が降り注ぎ、ゴグとマゴグを滅ぼします。悪魔は火と硫黄の池に放り込まれ、今度こそ完全に破滅します。

最後の審判

敵の殲滅が終わったあと、王座とともに神が現れます。海や墓から死者が復活し、生きているときにやったことに応じて神の裁きを受けます。これは「最後の審判」と呼ばれています。ここですべての運命が最終的に決まってしまい、もう覆すことはできないのです。

命の書に名前が書かれていない人間、つまり悪人は、火の池に投げ込まれていきます。くわえて、死とハデスも火の池に投げ込まれ、焼き滅ぼされます。

～黙示録20章～

命の書

　復活するに値する善人の名前が書かれている天界の巻物。閻魔大王が死者の生前の行いを記録している閻魔帳と似ていますが、聖書における「命の書」には善人の名前しか載っていません。

　これに載っていれば復活することができるというのは、『ドラゴンクエスト』の「冒険の書」そっくりです。また、名前を書かれたら生き返るのではなく死ぬ、という機能を持つ「デスノート（死の書）」とは、ちょうど正反対の書物であると言えるでしょう。

　そもそも漫画の『デスノート』はドストエフスキーの小説『罪と罰』が元ネタであり、『罪と罰』の元ネタは聖書なので、『デスノート』には聖書由来のネタがたくさん出てきます。

　たとえば、死神リュークがいつもリンゴを食べているのは、エデンの園でアダムとイブが食べた知恵の実が俗にリンゴだと思われていたからです。くわえて、ヒロインの弥海砂（あまね・みさ）の「ミサ」は、キリスト教会における儀式の一種です。

タルタロス

ドラゴンが投げ込まれる奈落って、タルタロスとかいうところか？

タルタロスって、ギリシャ神話に出てきる場所ですよねー？

そうそう。
ゼウスがティタノマキアでタイタン族の神々を倒したあと、敵を放り込んだ奈落だ。

聖書にも１回だけタルタロスが出てくるんだけど、黙示録じゃないのよね。
最終戦争よりもっとずっと前に、悪霊たちがタルタロスに放り込まれたのよ。

聖書には「放り込む」とか「封印」とかよく出てくるよなー。

しかも、どれも神側がすることなのよね。

はわわ……暗くて狭いところに封印されるのは嫌ですう……。

命の樹への帰還

新世界

最後の審判が済むと、ついに黙示録の預言もクライマックスです。昔の天と地は消え去り、海はなくなっています。再創造が行われ、新世界が訪れたのです。
漫画『デスノート』で主人公が「僕は新世界の神になる！」と言っていたのは、このエピソードに由来しているのでしょう。

キリストの結婚式

聖なる都、新しいエルサレムが擬人化され、花嫁のような姿で神の元から出てきます。キリストを表す子羊と、エルサレムが結婚します。

神の王座からは大きな声でこんな宣言がされます。**「見よ、神が人と共に住み、人は神の民となり、神は人の目から涙をすべてぬぐい去ってくださる。もはや死はなく、嘆きも、叫びも、痛みもない。過去のものは過ぎ去ったからである」**

そして、神は告げます。**「わたしはアルファでありオメガである。初めであり終わりである。渇いている者には、命の水の泉から価なしに飲ませよう」**

新しいエルサレムは、太陽や月によって照らされる必要がありません。神の栄光が照らすからです。そこには夜がないため、門も決して閉ざされません。

命の樹

神と子羊の王座からは、命の水の川が出て、エルサレムの大通りを流れています。その水は水晶のように輝いていました。
川の両側には命の樹が並んでおり、その葉が人間たちを癒します。
この『**命の樹**』は、アダムとイブが追放されたエデンの園に生えていた**「不老不死をもたらす樹」**です。この実を食べれば、人は死ぬことがありません。
永い永い時を経て、ようやく人類が『命の樹』のところに戻ってくる……そのシーンで、聖書は幕を閉じます。

～黙示録21章-22章～

聖書の起承転結

ここまで様々なエピソードをご紹介してきましたが、聖書には大きなストーリー、起承転結のようなものが存在します。それは、こんな感じです。

＊　＊

- **起**……神が世界を創造するが、人間が反逆したせいで完全な世界にならない。
- **承**……神に逆らう人間たちと、神に従う人間たちの歴史。
- **転**……キリストが自らを犠牲にして、人間たちの罪を償う。
- **結**……神が悪人と悪魔を滅ぼし、善人を救って、完全な世界を実現させる。

＊　＊

途中で戦争があったり、メロドラマがあったり、詩集があったりしますが、基本的にはこの大筋に沿って66冊の本と無数のエピソードが散りばめられています。

また、聖書の大きな物語は「不死を失った人間が不老不死に戻る話」と考えることもできますし、「人間を反逆させて新世界の神になろうとした悪魔が大失敗する話」ということもできるのです。

永遠の命

わたしも命の実を食べて、メルちゃんとバトラちゃんとずーっと一緒に暮らしたいですっ！

わ、私も、ずっと一緒にいたいぞ……？

もちろん私もよ。

どこに命の樹は生えてるんでしょー？

ハルマゲドン後には勝手に生えてくるみたいだけど、それはいつになるかわからないわよね。
エデンの園を探すほうが現実的じゃないかしら？

それは現実的なのか!?

じゃあっ、今から探しに行きましょーっ！

まったく、仕方ないなぁ……キャスパは。

ふふふ。
まあ、それも楽しいかもね。

あとがき

　世界の始めから終わりまで、長大な歳月を描いた本――聖書。
　そこには、人々の血と汗と欲望と後悔と苦痛と喜び、ありとあらゆるドラマが息づいています。登場人物たちの言動は、まるで目の前で起こっているかのようにリアルで、心に迫ってきます。
　やはり、聖書は物語なのです。もし聖書が物語ではなく、淡々と掟のみを記した本だったら、誰がそれを楽しんで読もうとするでしょうか？　そんな本なら、世界最大のベストセラーと呼ばれるほど普及はしなかったはずです。
　聖書の物語には力があります。純粋な文学作品としても、恐ろしいまでの完成度を誇っています。だからこそ、人類は聖書に大きな影響を受け、聖書によってここまで文化が形作られたのです。

　子供の頃に親しんでいた聖書ですが、このガイドを作るため読み直してみて、改めて私は聖書の「文の力」を思い知らされました。

　文は力なり。

　ペンは剣より強し、の格言もあるように、言葉には途方もない力があるのです。聖書においても、キリストは別名「ロゴス（＝言葉）」と呼ばれています。

　そして、「物語も力」です。物語には、人の心を揺さぶり、感銘を与え、癒し、元気づける力があります。フィクションはただの絵空事ではありません。人間にとっての最大の活力剤なのです。
　このガイドを通して、皆様がもっともっとフィクションを楽しみやすくなり、あるいは聖書のエピソードを創作活動に活かし、物語の世界を満喫してくださることを、心から願っております。

天乃聖樹

萌えイラストと萌え4コマでスイスイわかる！
〈萌☆典〉〈萌訳☆〉シリーズ 好評発売中

『萌☆典 拝啓、姫君様っ』

著者：安倍ちひろ／
カバーイラスト：風見春樹

ISBN978-4-88181-805-3
A5 判／並製／160 ページ　価格：1,500 円＋税

日本の歴史に登場し、数奇な運命をたどった姫たちの逸話や伝説、彼女たちが生き抜いた時代などを、萌えキャライラストとともにわかりやすく解説。邪馬台国の卑弥呼や江戸徳川幕府の終焉を見届けた天樟院篤姫などが、キュートな美少女に生まれ変わったお姿は必見です。また、2011年NHK大河ドラマで大注目の“お江”も収録しています。
さらに、姫がテーマの４コママンガや小説にも注目！

『萌☆典 降臨 !? 女神たん』

著者：安倍ちひろ／
カバーイラスト：よう太

ISBN978-4-88181-804-6
A5 判／並製／160 ページ　価格：1,500 円＋税

世界各地の神話や伝説に登場する美しく気高い“女神様”。そんな美女神たちを、キュートな美少女にリデザインして紹介する萌え女神図鑑です。日本、ギリシア、北欧、エジプト、メソポタミア、インド、中国、中南米、太平洋・北極海地域など、世界中の人々から崇め萌え奉られている女神様のヒ・ミ・ツを萌えイラストとともに紹介します。
さらに、女神を題材にしたコミックや小説も収録！

『＜萌訳☆＞平家物語』

監修：榎本秋／著者：諸星崇・榎本事務所

ISBN978-4-88181-809-1
A5 判／並製／144 ページ　価格：1,500 円＋税

平清盛もびっくり！　世界初の＜萌え平家物語解説書＞登場！　超有名な冒頭の名文句「祇園精舎の鐘の声、諸行無常の響あり……」は知ってるけど、詳しい話はよく知らない――そんな「平家物語」が＜４コママンガ＞や＜図解＞と＜超ポイント解説＞などで、みるみるわかっちゃいます。来年（２０１２年）のＮＨＫ大河ドラマ『平清盛』を早くもフォロー。いつの世にも通じる人生の真理がここにあります！

『＜萌訳☆＞三国志』

監修：榎本秋
著者：諸星崇・榎本事務所

ISBN978-4-88181-808-4
A5 判／並製／160 ページ　価格：1,500 円＋税

デキる人は「歴史」に学ぶ！　おかげさまで大好評の＜萌訳☆＞シリーズ第３弾は、多くの偉人たちも愛読した中国躍進のバイブル「三国志演義」です。「黄巾の乱」から「魏、呉、蜀の滅亡」までの物語と「劉備」「曹操」「関羽」「張飛」「諸葛亮」などなどの登場人物たち、そのすべてを徹底的にわかりやすく解説。おなじみ４コママンガも約70本収録！
人生の「勝ち方」が身につく１冊です。

全国の書店さんで
お求めください。

総合科学出版

http://www.sogokagaku-pub.com/

萌えイラストと萌え4コマでスイスイわかる！

〈萌☆典〉〈萌訳☆〉シリーズ好評発売中

全国の書店さんでお求めください。

『重要ポイントとマンガでわかる！古事記・日本書紀』

著者：鳥遊まき
カバー・本文イラスト：nauribon

ISBN978-4-88181-810-7
A5 判／並製／144 ページ　価格：1,500 円＋税

超ポイント解説と４コママンガでスイスイ読める、宇宙イチわかりやすい古事記·日本書紀ガイド。イザナキ、イザナミ、スサノオ、アマテラス、ヤマタノオロチ、オオクニヌシ、高天原、ヤマトタケル……など、誰もが一度は聞いた事のある日本の神話。物語の解説以外にも日本神話についてのトリビアも満載。この国がどのようにしてできたのか、日本の歴史と文化の原点を学ぼう！

『重要ポイントとマンガでわかる！ 水滸伝』

監修：榎本秋
著者：諸星崇・榎本事務所

ISBN978-4-88181-813-8
A5 判／並製／144 ページ　価格：1,500 円＋税

『三国志演義』『西遊記』『金瓶梅』とともに中国四大奇書のひとつとされる『水滸伝』。多くの人々に愛読され続け、今でもゲームやマンガ、ドラマなどの原作として人気を博しています。本書では、この『水滸伝』を超重要ポイントに絞り込んで解説し、さらにサッとわかるように４コママンガも掲載。汚職や不正がはびこる世を正すため、梁山泊に集いし好漢 108 人の大活躍をお楽しみください。

『孫子ちゃんの兵法』

著者：福田晃市
カバー・本文イラスト：イチリ

ISBN978-4-88181-801-5
A5 判／並製／167 ページ　価格：1,500 円＋税

孫武もびっくり！　世界初の萌え兵法解説書！「４コママンガ」＆「超カンタン解説」＆「歴史の実例」でわかる、使える「孫子の兵法」。スーパーダッシュ文庫の挿絵などで活躍中の人気イラストレーター・イチリ氏によるカバー＆本文イラストも必見！　【４コママンガ】君野朋成・くさなぎゆうぎ・ざくまる・鈴木羅木かりん、千樹りおん、にわこ・まな・らいな・らわん（50 音順）

『孔子ちゃんの論語』

著者：福田晃市
カバー・本文イラスト：イチリ

ISBN978-4-88181-803-9
A5 判／並製／160 ページ　価格：1,500 円＋税

おかげさまで大好評の＜萌訳☆＞シリーズ第２弾。経営学の父と言われる、あのドラッカーや渋沢栄一など多くの偉人も学んだ、生き方の教科書「論語」を世界初の萌え本化！　40 本以上の「４コママンガ」や「超カンタン解説」＆「歴史の実例」などで､楽しみながら「論語」のエッセンスが身につけられる本です。【４コママンガ】愛野おさる・ica・小景いのり・ひかにゃん（50 音順）

総合科学出版
http://www.sogokagaku-pub.com/

萌え美少女と実用書がガッタイしちゃった！

〈美少女〉〈実用☆〉シリーズ 好評発売中

『なわとロープと結びの方法。』

監修：おほつき四郎
カバーイラスト・マンガ：いちはや

ISBN978-4-88181-800-8
A5 判／並製／144 ページ　価格：1,500 円＋税

なわ・ロープ・ひも・糸の結び方を図解付きで解説。まるで魔法のような“結びの技法”を教えます。結びの基本はもちろんのこと、役に立つ結び方、ヘンな名前の結び方、あまり実用的ではないけれど知っているとためになる結び方をお届けしちゃいます。人気ゲームのキャラクターデザインで大注目の新進気鋭絵師・いちはや氏によるカバーイラスト＆コミックも見逃せない！

『アニメキャラが行列を作る法律相談所』

著者：ronnor（QB 被害者対策弁護団）
監修：弁護士 庄司論平
カバー・本文イラスト：リクルトスツー（QB 被害者弁護団）

ISBN978-4-88181-819-0
A5 判／並製／168 ページ　価格：1,400 円＋税

人気アニメの作品内で起こる様々な事案を題材に、法律の世界をわかりやすく解説した法律入門書。法律の中でもっとも重要かつ基本的な３つの法分野「憲法」「民法」「刑法」をテーマに、実生活にも役に立つ法律の基礎を解説しています。あのアニメのシーンを「法律」という視点からもう一度、眺めてみませんか？

『デジタル絵師のためのカラーコーディネート帳』

監修：おぎのひとし／編：エマ・パブリッシング
カバー・本文イラスト：愛野おさる、日向たかし

ISBN978-4-88181-828-2
A5 判／並製／128 ページ　価格：1,800 円＋税

キャラクターの配色イメージを 500 点以上の作例で解決するデジタル絵師必携のカラーコーディネート帳です。作例の色は、RGB と CMYK で例示。髪・瞳・肌・頬などの各パーツから、学生服・メイド服・ロリ服・スク水・競泳水着・体操服・ブルマ・下着などのコスチューム、ボーダー・ドット・チェックなどのカラーバリエーションも豊富に収録しています。

『二次嫁 HOLE パッケージ大図鑑』

著者：鳥遊まき
カバーイラスト：nauribon

ISBN978-4-88181-810-7
A5 判／並製／144 ページ　価格：1,500 円＋税

魅惑のアダルトグッズ「オナホール」（通称、オナホ）。成人男子を刺激し、癒してくれる人気商品からオリジナル二次嫁オナホのパッケージを 112 点厳選して収録。しかもパッケージ画像は立体物だけでなく、四方のデザインを一目で楽しめる展開図も掲載しています。オナホールの種類、購入時の注意点、洗い方、保管方法、処分の仕方など、初心者向けガイドも掲載！

全国の書店さんでお求めください。

総合科学出版
http://www.sogokagaku-pub.com/

著者：天乃 聖樹（あまの・せいじゅ）
作家、シナリオライター。佐世保出身の7月20日生まれ。
著書に『ごはん食べたい！－なんでもしますから？－』（ソフトバンククリエイティブ）、『自分を信じる勇気 超訳モーツァルト』（泰文堂）、『スクールガールストライカーズ Novel Channel Festa!』（SBクリエイティブ）、『ファントムアーム ～盟約の強奪者～』（SBクリエイティブ）、『神様に転生 千万回死んだら異世界で神になりました』（SBクリエイティブ）などがある。

あなたの知らない **聖書の世界**

2016年8月19日 第1版 第1刷発行

著者	天乃聖樹
カバー・本文イラスト	日向たかし
企画・制作・DTP	エマ・パブリッシング
カバーデザイン	森 隆博
印刷	株式会社 文昇堂
製本	根本製本 株式会社

発行人 西村 貢一
発行所 株式会社 総合科学出版
〒101-0052 東京都千代田区神田小川町3-2 栄光ビル
TEL 03-3291-6805（代）
URL：http://www.sougokagaku-pub.com

Printed in Japan ISBN978-88181-852-7